北大光华区域可持续发展丛书 第4辑

主　　　编：厉以宁　朱善利
编　委　会：雷　明　张红力　黄　涛
　　　　　　何志毅　张一弛　王咏梅
编委会秘书：赵爱琴

北大光华区域可持续发展课题研究

支持单位：北京大学光华管理学院
　　　　　北京大学管理科学中心
　　　　　北京大学贫困地区发展研究院

北大光华区域可持续发展丛书得到德意志银行资助

北大光华 第4辑
区域可持续发展丛书

中国牧区城镇化研究
——以内蒙古赤峰为例

Zhongguo Muqu Chengzhenhua Yanjiu
Yi Neimenggu Chifeng Weili

世纪90年代起，影响我国区域发展的因素发生了很大的变化。全球化浪潮带来了全球范围内和国家层面上的经济要素重组，信息化发展、科技进步和······力成为区域发展的关键因素。传统的因素和新的因素交织在一起，共同决定了我国区域发展的格局。区域经济发展的规律已经初步显现。

傅帅雄 • 著

经济科学出版社
Economic Science Press

总　序

厉以宁

21世纪人类的发展观出现了重大转折，可持续发展受到了人们的广泛重视。不论是发达国家，还是发展中国家，都不约而同地把可持续发展写进了国家发展战略。

区域可持续发展是全球可持续发展的基础。区域可持续发展是指，区域发展既满足当代人的需要，又不对后代人满足其需求的能力构成威胁，特定区域的发展不危害和削弱其他区域的发展，区域内的自然与社会复合系统通过人类活动的自我调控，向更加和谐、更加互补和更加均衡的目标靠近。

不同经济发展水平的区域，可持续发展的着重点会有所不同，就发展中国家而言，其可持续发展的核心是发展经济，并且必须依托本身的资源。中国的区域可持续发展战略正是以发展经济、全面提高人民生活质量为核心，保障人与自然、人与环境的和谐共存，同时保证经济持续、快速、健康发展。区域发展受人的主观意志的影响很大，因此，区域的可持续发展要求人类活动主观上树立可持续发展的思想，客观上遵循自然规律，从而为制定区域可持续发展战略提供指导。区域的差异性决定了区域的发展必须因地制宜，采取最适合本区域的发展方式，使区域内的资源禀赋得到最合理的使用。

自20世纪90年代起，影响我国区域发展的因素发生了很大的变化。全球化浪潮带来了全球范围内和国家层面上的经济要素重组，信息化发展、科技进步和创新能力成为区域发展的关键因素。传统的因素和新的因素交织在一起，共同决定了我国区域发展的格局，区域经济发展的规律已经初步显现。第一，我国区域经济的非均衡性是最大的特点，而这种非均衡性既表现在不同区域之间，也表现在区域内部。第二，区域间的经济发展差距不断扩大，这表现在各区域之间的经济总量、人均GDP、GDP平均增长速度、进出口贸易、外商直接投资和经济增长方式的变化等各个方面。第三，各区域工业化发展阶段的差异明显，东部不仅普遍具备了工业化中期的基本特征，而且某些区域正在向工业化后期转变；中部区域或者已处于工业化中期，或者开始进入工业化中期；西部除个别区域转入了工业化中期以外，大多数区域仍然处于工业化初期。可喜的是，东西部互动的格局逐步形成，东部正在向中西部进行产业转移，中西部正在吸纳东部转移的产业化技术。

可持续发展的区域政策不仅要求当代人与后代人在资源利用和经济发展权利等方面的公平，同时也要求同代人尤其是区域之间的公平。非均衡的区域发展模式会伴随产生大量贫困人口和日益恶化的生态环境，无法实现可持续发展。为此，区域可持续发展最重要的使命在于：将产业结构安排、生产力布局与区域人口、资源以及生态环境联系在一起，促进区域经济协调发展，消除贫困，按照因地制宜、合理分工、优势互补、共同发展的原则，加强经济发达和欠发达区域的经济技术合作，鼓励生产力要素由经济发达区域向欠发达区域流动，特别是扶持少数民族地区、边疆地区、贫困地区的经济发展，增强这些地区摆脱生态与经济恶性循环的能力和自我发展的能力，并最终实现区域共同发展与富裕。

近年来，中国区域经济发展的新特点之一，体现在新一轮的、广泛的区域合作。区域经济总体发展特征从推动局部区域的超常发展，转变为注重总体协调发展。各区域在明确自身比较优势的基础上，寻求各区域的功能互补与互动，跨上整体发展的新台阶。2006年，长三角、泛珠三角、环渤海地区的互动机制正式启动，区域大交通体系建设、生态环境治理、信息资源共享、人力资源合作和信用体系建设成为长三角区域合作的重点；陕甘宁川的区域合作、西陇海兰新线经济带、长江上游经济带及南宁—贵阳—昆明协作等一批各具特色的区域互动发展，已经成为推动西部大开发的重要力量；商务部实施的"万商西进工程"，也将进一步促进东部开放型经济和产业向中西部地区转移，促使西部由传统资源时代向产业时代挺进。区域经济的互动发展正在深刻改变中国的总体经济格局，冲破区域壁垒的跨区域合作成为中国经济发展的新态势。

新一轮区域合作将逐步由各区域政府主导转变为企业主导。培育区域竞争力、开展互补型竞争是增强区域可持续发展能力的重要环节；企业是区域合作发展的主体，任何知识创新和技术创新，只有通过企业才能真正转化为生产力和财富，转化为区域竞争力。在这一背景下，各区域政府部门应该及时调整自己的定位。区域竞争力的培育与树木的生长一样，需要适宜的阳光、气候以及良好的生长环境。在引导区域竞争力有序发展、创造一个有利于发展的良好外部环境等方面，政府的作用是十分重要的。

区域可持续发展是一个全新的领域，需要政府、企业、研究机构三方协同努力。在深入中国有代表性的典型区域进行长期扎实调研的基础上，北京大学光华管理学院、北京大学管理科学中心、北京大学贫困地区发展研究院编辑出版了"北大光华区域可持续发展丛书",探讨了以下重要问题:区域形成与区域结构对可持续发展的影响;区域实现可持续发展的多种模式;如何选择适合区域特征的可持续发展战略和路径;如何发挥各区域的不同优势,实现最优的整体可持续发展;如何促进贫困地区社会经济的迅速发展;等等。这套丛书着力解决制约可持续发展的"瓶颈"问题,发挥研究成果对可持续发展的前瞻性引领和支撑作用,并为政策制定部门、学术界和各级地方政府提供参考。

区域可持续发展是不可阻挡的潮流,为中国经济可持续发展提供了新的动力和方向。中国区域发展正站在新的历史起点上,促进区域可持续发展正逢其时。让我们共同迎接中国区域经济发展与合作的辉煌的明天!

2008 年 6 月

目录
Contents

第1章 导 论 / 001

第1节 研究的理论和实际应用价值　　　　　　　　　　　001

第2节 研究目标　　　　　　　　　　　　　　　　　　　002

第3节 研究思路　　　　　　　　　　　　　　　　　　　003

第4节 研究方法　　　　　　　　　　　　　　　　　　　004

第2章 牧区城乡差距问题 / 006

第1节 牧区的基本情况　　　　　　　　　　　　　　　　006

第2节 牧区发展与全国平均水平的差距　　　　　　　　　009

第3节 牧区城乡收入差距　　　　　　　　　　　　　　　010

第3章 牧区城镇化与农区城镇化的区别 / 015

第1节 农区城镇化所取得的成就　　　　　　　　　　　　015

第2节 农区城镇化的成功经验　　　　　　　　　　　　　018

第3节 牧区城镇化与农区城镇化条件的差异　　　　　　　024

第4章 牧区城镇化思路的探索 / 029

第1节 问题的提出　　　　　　　　　　　　　　　　　　029

第2节 牧民收入增加的路径选择　　　　　　　　　　　　029

第3节 牧民社会保障服务的完善　　　　　　　　　　　　037

第 4 节　牧区城镇化的思路　　　　　　　　　　　　　　　**045**

第 5 章　牧区市场化程度研究 / 048
　　第 1 节　牧区商品的市场化研究　　　　　　　　　　　　　**048**
　　第 2 节　牧区金融信贷研究　　　　　　　　　　　　　　　**058**

第 6 章　牧区社会服务化程度分析 / 079
　　第 1 节　牧区教育问题　　　　　　　　　　　　　　　　　**079**
　　第 2 节　牧区基层卫生医疗　　　　　　　　　　　　　　　**096**
　　第 3 节　牧区社会养老保险　　　　　　　　　　　　　　　**114**

第 7 章　牧区城镇化率提高的实施路径 / 125
　　第 1 节　牧区城镇化率提高的途径　　　　　　　　　　　　**125**
　　第 2 节　牧区城镇化率提高的实施路径　　　　　　　　　　**127**

第 8 章　牧区城镇化的未来展望 / 139
　　第 1 节　牧民关于进城生活的想法　　　　　　　　　　　　**139**
　　第 2 节　未来谁去经营牧场　　　　　　　　　　　　　　　**141**

第 9 章　未来牧区城镇化工作的重点 / 145
　　第 1 节　提高牧区商品的市场化程度　　　　　　　　　　　**145**
　　第 2 节　提升牧区金融服务水平　　　　　　　　　　　　　**146**
　　第 3 节　大力推广先进畜牧业技术　　　　　　　　　　　　**147**
　　第 4 节　统筹城乡公共服务，确保基本公共服务均等化　　　**148**
　　第 5 节　加快基础设施建设，为牧区城镇化提供基础保障　　**149**
　　第 6 节　适时试点牧区草场流转，探索草场流转机制　　　　**150**

参考文献 / 151

后　　记 / 156

第1章

导　论

第1节　研究的理论和实际应用价值

2011年6月，国务院印发了《关于促进牧区又快又好发展的若干意见》，出台了一系列重大举措，这也是改革开放以来首次以国务院名义发出的指导牧区全面工作的文件，标志着牧区的发展进入了一个新的阶段。

我国牧区面积400多万平方公里，约占国土面积的42%，同时，牧区也是我国草原的集中连片分布区，草原面积占全国草原面积的60%。从当前牧区的经济发展水平来看，牧区人均生产总值仅相当于全国水平的70%左右，人均财政收入仅相当于全国平均水平的50%，单与农民相比，牧民人均纯收入也仅相当于全国平均水平的80%左右。同时，由于气候变化、过度利用和人为破坏，草原退化严重，草原生态服务功能降低，生态环境对牧区可持续发展的约束不断增大。因此，牧区仍然是全国经济发展的滞后区、民生改善的薄弱区和生态环境的脆弱区。

城镇化发展滞后，一直是制约牧区经济发展的主要瓶颈。加快城镇化进程，既是改变牧区面貌的迫切需要，同时也是解决目前牧区经济发展和环境保护等诸多矛盾的关键所在。

目前，农区城镇化的迅速发展不仅促进了农业的规模化生产，同时也在很大程度上提高了农民的生活水平，为进一步打破城乡二元结构，缩小城乡差距，实现城乡统筹提供了重要条件。同时，农区城镇化成功经验的不断总结，以及学术界对城镇化研究的不断深入，也为城镇化的全面推进提供了重要的智力支持。

然而，牧区城镇化与农区城镇化的条件却有所不同，包括牧区地广人稀的特点、土地性质、城乡的结构布局、牧民特有的生活习俗，以及牧民的教育、就业等与农区相比存在特有的差异，在这一前提下，牧区城镇化的进程和模式与农区相比自然也有所区别。因此，需要在借鉴的同时，因地制宜，区别对待，杜绝盲目照搬农区城镇化的经验，避免各种问题的出现。

目前国外对于牧区城镇化的研究不多，因为在国外的牧区每户牧民所拥有的草场面积很大，基本上都实现了规模化经营，牧民的收入水平较高，同时社会保障也与城镇居民相同，牧区城镇化推行的意义不大。另外，城镇化的背景也不同。在西欧国家的工业化初期，大量牧民进城务工成为产业工人这一进程也与中国目前的情况不同。首先，西欧国家当时进城务工的牧民多是失地牧民，圈地运动后牧民失去了生产资料，不得不进城寻找工作维持生活。其次，当时西欧国家人口总量少，工业化所提供的工作岗位足以解决牧民的就业问题。然而，目前国内的牧民一是不愿离开牧区，改变传统的生产生活方式；二是城市工业的发展虽然也能创造工作机会，但牧民多为少数民族，受语言、教育、生活习惯等条件限制，往往在就业竞争当中弱于农村的农民，牧民要实现从第一产业向第二、第三产业转移需要一个过程。

在国内，虽然也有一些关于牧区城镇化方面的研究，但这些研究主要还是基于对农区城镇化模式的借鉴，有的甚至是照搬，很少能真正从牧区的实际出发，结合牧区的自身的特点，去深入研究牧区城镇化与农区城镇化的条件差异，并探索真正适宜牧区城镇化发展的模式和路径。

第2节　研究目标

结合牧区的实际情况及牧区城镇化与农区城镇化的条件差异，分析当前牧区城镇化研究中存在的一些误区,以及在牧区的城镇化进程中存在的问题和困难,并在牧区问卷调查的基础上,从城镇化的根本意义出发,对牧区城镇化的特殊性进行分析、研究,提出牧区城镇化的新思路,为牧区城镇化发展提供理论支持和借鉴参考。

第3节 研究思路

本书遵循实践问题—实证研究—应用研究的基本研究思路,分析牧区城镇化与农区城镇化的条件差异,并总结和归纳牧区城镇化的特殊性。基于牧区城镇化的特殊性以及目前牧区城镇化发展存在的问题和困难,本书将从城镇化的根本意义出发,探讨牧区城镇化的思路。城镇化的根本意义在于能让更多的农牧民进入城镇享受到城镇市场经济的便利以及城镇社会公共服务的福利。当真正实现城乡一体化之后,城镇化率的测度其实也就失去了意义。在牧民迁入城镇的过程,实际上也就是牧民参与市场的过程,而牧民从自给自足的生活到基本依靠市场、依靠城镇经济,本身也是城镇化的一种体现。同时,在牧区城镇化过程中,重要的是把牧民生活纳入社会服务体系,而不能再像过去那样使牧民生活游离于社会服务体系之外。牧区的城镇化有其自身的特殊性,很多牧民不愿意离开牧区,因此,目前不一定非要牧民进城,可以通过提高牧区的商品市场化程度和社会服务化程度,让牧区的牧民同样享受到城镇化的好处。在真正实现城乡一体化之前,城镇化率的测度仍然重要,它也是了解城镇发展进程的重要依据。牧区城镇化率的提高,可以有三个途径。一是农牧民进城务工,并在城市或城镇定居落户。二是一个较为新颖的思路,即吸引外地的农民到城市或城镇来务工、定居并落户。在当前牧民不愿离开牧场的条件下,可以通过在市区和旗县中心镇大力发展工业、商贸业,吸引本地和外地的农民来赤峰进城落户,从而提高牧区的城镇化率。三是由牧区新社区向新城镇过渡。最后结合牧区问卷调查的实际情况,本书提出牧区城镇化的新思路和政策建议,探索出适宜牧区城镇化发展的新路径。

研究的重点

研究重点一：研究牧区城镇化与农区城镇化的条件差异，认识牧区城镇化的特殊性。

研究重点二：研究当前牧区城镇化所存在的问题和困难，提出适宜于牧区城镇化发展的基本思路。

研究重点三：总结和借鉴牧区城镇化目前所取得的成功经验，进一步完善牧区城镇化的发展模式。

研究的难点

研究难点一：关于牧区城镇化与农区城镇化条件差异的研究比较少，需要从经济、文化、历史等多个方面对两者的差异进行深入归纳与分析。

研究难点二：由于在各种年鉴中很难找到专门搜集牧区以及牧民家庭的数据资料，而准确的牧区数据资料作为全书研究的基础，只能通过问卷调查的形式，深入牧区基层，走村访户获取。调查内容涉及面广，涵盖牧民的家庭收入、生产生活开销、产品销售、商品购买、社会保险、教育、环境、卫生等多个方面，调查难度相当大。另外，再加上牧区地广人稀，牧民居住分散，调查问卷的发放和回收也需要较多的人力和时间投入。本书以赤峰市的牧区为例，从该市牧区的基本情况入手探寻一条牧区广泛适用的城镇化模式，但就赤峰一个市就有 7 个牧区旗县，因此，巨大的问卷调查工作量是本书研究的一个难点。

第 4 节 研究方法

本书以科学发展观为指导思想，注重理论联系实际，定性分析和定量分析、规范分析和实证分析相结合，普遍性研究和案例研究、实地调研和专家研讨相结合。具体方法主要有：

（1）计量经济方法，具体包括面板数据分析、时间序列分析、统计分析、数据包络分析等；

（2）注重实地调研，通过大量问卷调查，研究牧区经济社会发展现状以及目前牧区城镇化所面临的问题与困难；

（3）重视案例研究，包括各类案例的成功和不足之处的借鉴分析，并通过案例对政策工具的效应进行评价；

（4）通过多种形式加强与该领域专家的交流学习，吸收反馈意见，完善课题研究。

第 2 章

牧区城乡差距问题

第 1 节 牧区的基本情况

我国的牧区主要集中在内蒙古、青海、新疆、西藏、四川、甘肃、黑龙江、吉林、宁夏等省（自治区），在全国范围内共有263个牧区县和半农半牧区县，其中牧区县120个，半农半牧区县143个。内蒙古自治区有33个牧区县（旗）、20个半农半牧区县（旗）；青海省有26个牧区县，4个半农半牧区县；新疆维吾尔自治区有22个牧区县，15个半农半牧区县；西藏自治区有13个牧区县，24个半农半牧区县；四川省有10个牧区县，38个半农半牧区县；甘肃省有7个牧区县，12个半农半牧区县；黑龙江省有7个牧区县，8个半农半牧区县；吉林省有1个牧区县，7个半农半牧区县；宁夏回族自治区有1个牧区县，2个半农半牧区县（见表2-1）。

表 2-1 全国牧区、半农半牧区县分布 单位：个

	全国	内蒙古	青海	新疆	西藏	四川	甘肃	黑龙江	吉林	宁夏	河北	辽宁	山西
牧区县（旗）	120	33	26	22	13	10	7	7	1	1	0	0	0
半农半牧区县	143	20	4	15	24	38	12	8	7	2	6	6	1

资料来源：《中国民族统计年鉴2010》。

第❷章 牧区城乡差距问题

全国牧区、半农半牧区行政区域土地面积共计3894877平方公里，占全国国土面积的40%，共辖3352个乡镇，31240个村。2010年全国牧区、半农半牧区人口总数为4592万人，其中农牧民3358万人。

由表2-2可以看出，全国9个牧区县共有牧民家庭131.9436万户，牧业人口603.6万人。从收入来看，全国牧区县的牧民年人均纯收入4133.6元，其中牧业收入达2419.8元，占总收入的58.54%。从分省的情况来看，内蒙古、黑龙江、青海、新疆、西藏牧区县（旗）的牧民数量较多，牧业人口基本都在50万以上，内蒙古和黑龙江牧区县的牧业人口更是突破了100万，在2010年年末牧业人口分别为132.1万和146.7万。在牧区县（旗）中，牧民年人均纯收入较高的有内蒙古、新疆和黑龙江，分别达到6010.3元、5162.1元和4926.9元，相对而言，四川的牧民年人均纯收入最低，仅为3016.2元，与牧民年人均纯收入最高的内蒙古相比，相差近一半。就牧业年人均收入而言，内蒙古、青海和甘肃牧区县（旗）的牧业年人均收入较高，分别为3876.2元、3138.8元和2795.4元，比较来看，宁夏牧区县的牧业年人均收入最低，只有1130元，与牧业年人均收入最高的内蒙古相比，仅为内蒙古的1/3。可见，在全国的牧区县（旗）中，不同省份牧民的年人均纯收入和牧业收入的差距仍然较大，区域之间牧业发展的不平衡问题严峻。

表2-2　　　　　　　　2010年全国牧区县牧民基本情况

	牧户数（户）	牧业人口数（万人）	人均纯收入（元/人）	牧业收入（元/人）
全　国	1319436	603.6	4133.6	2419.8
内蒙古	380495	132.1	6010.3	3876.2
青　海	188385	82.7	3826.8	3138.8
新　疆	117347	57.6	5162.1	2457.6
西　藏	88528	81		
四　川	84675	40.2	3016.2	1914.2
甘　肃	58778	25.1	3471.2	2795.4
黑龙江	316661	146.7	4926.9	2342.7
吉　林	52000	25.1	4349	1670
宁　夏	32567	13.2	3584	1130

资料来源：《中国民族统计年鉴2011》。

从表 2-3 可以看到，半农半牧区县中的牧民数量更多，共有牧民家庭 285.5824 万户，牧业人口 1104.4 万人，远远多于牧区县的牧民数量。从收入来看，全国半农半牧区县的牧民年人均纯收入 4885.9 元，其中牧业收入达 2556.1 元，与牧区县的牧民年人均纯收入和牧业收入相比都要较高。从分省的情况来看，内蒙古、吉林、四川、辽宁、黑龙江半农半牧区县的牧民数量较多，牧业人口基本都在 100 万以上，其中吉林、四川和内蒙古半农半牧区县的牧业人口在 2010 年年末已分别达到 198.5 万、183.8 万和 179.1 万。在半农半牧区县中，牧民年人均纯收入较高的有辽宁、吉林和新疆，分别达到 6633.9 元、5822.1 元和 5686.8 元，相对而言，河北半农半牧区县的牧民年人均纯收入最低，仅为 2586.7 元，与人均纯收入最高的辽宁半农半牧区县的牧民相比，相差超过一半。就牧业年人均收入而言，青海、辽宁、内蒙古和黑龙江半农半牧区县的牧业年人均收入较高，分别为 3100.5 元、2736.6 元、2556.1 元和 2476.7 元，宁夏半农半牧区县牧业的年人均收入最低，只有 572.8 元，与牧业年人均收入最高的青海相比，还不到青海的 1/5。可见，牧民区域收入差距较大这一问题在我国的半农半牧区县中也十分明显。因此，中央政府在牧区发展政策的制定方面也应该根据各地的实际情况予以区分对待，避免政策一刀切的问题出现。

表 2-3　　　　　　　2010 年全国半农半牧区县牧民基本情况

	牧户数（户）	牧业人口数（万人）	人均纯收入（元/人）	牧业收入（元/人）
全　国	2855824	1104.4	4691.5	1957.3
内蒙古	451336	179.1	4885.9	2556.1
青　海	10923	4.6	4602.8	3100.5
新　疆	59696	24.9	5822.1	2013.7
西　藏	52394	26.7		
四　川	412760	183.8	3890.6	1307.1
甘　肃	172024	60.7	3336.6	913.8
黑龙江	419121	141.2	4838	2476.7
吉　林	562700	198.5	5686.8	2241.7
宁　夏	90557	70.2	2882.7	572.8
河　北	89778	47.6	2586.7	1231.8
辽　宁	518622	161.4	6633.9	2736.6
山　西	15913	5.9	2623	1510

资料来源：《中国民族统计年鉴 2011》。

第 2 节　牧区发展与全国平均水平的差距

为了进一步了解牧区以及半农半牧区的发展现状，本节选取了人均地方财政一般预算收入，人均城乡居民储蓄存款余额，人均年末金融机构各项贷款余额，电话普及率（含移动电话），每万人医院、卫生院数量，每千人口卫生技术人员六个指标，通过将牧区和半农半牧区的这些指标与全国平均水平进行比较，了解当前牧区以及半农半牧区在发展中所存在的差距。

通过表 2-4 可以看出，牧区和半农半牧区人均地方财政一般预算收入为 1453.53 元，同全国平均水平的 3028.77 元相比，仅为全国平均水平的 1/2；牧区和半农半牧区人均城乡居民储蓄存款余额为 8828.33 元，同全国平均水平的 22619.15 元相比，仅为全国平均水平的 2/5；牧区和半农半牧区人均年末金融机构各项贷款余额为 11458.76 元，同全国平均水平的 35736.63 元相比，仅为全国平均水平的 1/3；牧区和半农半牧区电话普及率（含移动电话）为每百人 42.76 部，同全国平均水平的 86.41 部相比，仅为全国平均水平的 1/2；牧区和半农半牧区每万人医院、卫生院数量仅为 1.09 个，同全国平均水平的 6.99 个相比，仅为全国平均水平的 1/6；牧区和半农半牧区每千人口卫生技术人员仅为 2.64 个，同全国平均水平的 4.37 个相比，仅为全国平均水平的 3/5。

表 2-4　牧区和半农半牧区各项指标与全国平均水平的对比

指　标	牧区和半农半牧区	全国平均水平	两者比较
人均地方财政一般预算收入（元）	1453.53	3028.77	1/2
人均城乡居民储蓄存款余额（元）	8828.33	22619.15	2/5
人均年末金融机构各项贷款余额（元）	11458.76	35736.63	1/3
电话普及率（含移动电话）（部/百人）	42.76	86.41	1/2
每万人医院、卫生院数量（个）	1.09	6.99	1/6
每千人口卫生技术人员（个）	2.64	4.37	3/5

资料来源：《中国统计年鉴 2011》、《中国民族统计年鉴 2011》。

从以上的数据对比可以看到，牧区的经济社会发展远远落后于全国平均水平，欠发达地区的状况仍然没有得到根本改变，牧区当前的发展已成为我国经济社会发展的薄弱环节，也是我国全面建设小康社会的重点和难点。

从表 2-5 可以看出，2010 年全国城镇居民人均可支配收入已达到 19109.44 元，全国农牧民人均纯收入仅 5919.01 元，即农牧民人均纯收入还不足城镇居民人均可支配收入的 1/3，城乡差距仍然较大。再看牧民的收入情况，2010 年全国牧区县的牧民人均纯收入为 4133.6 元，半农半牧区县的牧民人均纯收入为 4691.5 元，分别是全国城镇居民人均可支配收入的 21.63% 和 24.55%，牧民与城镇居民的收入差距很大。即使与全国农牧民的平均年人均纯收入相比，牧区县和半农半牧区县牧民的年人均纯收入也分别仅为全国农牧民年人均纯收入的 69.83% 和 79.26%，全年相差 1785.41 元和 1227.51 元。由此可见，牧民的收入远远低于农牧民的收入水平，也就是说牧民的收入与农民的收入相比仍然较低。

表 2-5　　2010 年全国城镇居民、农民、牧民收入情况对比　　单位：元

全国城镇居民人均可支配收入	全国农牧民人均纯收入	全国牧区县（旗）牧民人均纯收入	全国半农半牧区县（旗）牧民人均纯收入
19109.44	5919.01	4133.6	4691.5

资料来源：《中国统计年鉴 2011》、《中国民族统计年鉴 2011》。

通过对比可以看到，目前农民与城镇居民的收入差距较大，而牧民与城镇居民的收入差距则更大，牧民收入水平还普遍滞后于农区，因此，牧区仍然是我国全面建设小康社会的难点。"十二五"时期是全面建设小康社会的关键时期，是深化改革开放、加快转变经济发展方式的攻坚时期，是促进区域城乡协调发展的重要时期。因此，进一步加快转变牧区发展方式，切实增加牧民收入，缩小城乡差距，促进牧区又快又好发展是当前的一项重要任务。

第 3 节　牧区城乡收入差距

通过以上分析可以看到，牧区在全国范围内仍然属于比较落后的区

域，牧民的收入水平较低，那么在省份内部牧区牧民的收入情况与省内的其他地区农民相比是否仍然较低，牧民与城镇居民的收入差距是否仍然较大呢？为了进一步深入了解这一情况，选取在全国牧区当中牧区县最多、牧民数量最大、牧民收入水平较高的内蒙古为例，对这一问题进行研究。

内蒙古自治区共有33个牧区县（旗），包括阿鲁科尔沁旗、巴林右旗、巴林左旗、克什克腾旗、翁牛特旗、鄂温克旗、新巴尔虎右旗、新巴尔虎左旗、陈巴尔虎旗、科尔沁右翼中旗、科尔沁左翼中旗、科尔沁左翼后旗、扎鲁特旗、锡林浩特市旗、阿巴嘎旗、苏尼特左旗、苏尼特右旗、东乌珠穆沁旗、西乌珠穆沁旗、镶黄旗、正镶白旗、正蓝旗、达茂旗、四子王旗、鄂托克前旗、鄂托克旗、杭锦旗、乌审旗、乌拉特中旗、乌拉特后旗、阿拉善左旗、阿拉善右旗和额济纳旗。另外，还有20个半农半牧区县（旗），包括林西县、敖汉旗、扎兰屯市旗、阿荣旗、莫力达瓦旗、科尔沁右翼前旗、扎赉特旗、突泉县、开鲁县、库伦旗、奈曼旗、太仆寺旗、察右中旗、察右后旗、东胜市旗、达拉特旗、准格尔旗、伊金霍洛旗、磴口旗和乌拉特前旗。

通过表2-6可以看出，2010年内蒙古自治区城镇居民人均可支配收入已达到34778.82元，全自治区农牧民人均纯收入仅7951.77元，即农牧民人均纯收入还不足城镇居民人均可支配收入的1/4，城乡差距仍然较大。再看牧民的收入情况，2010年内蒙古牧区县（旗）的牧民人均纯收入为7020.85元，半农半牧区县（旗）的牧民人均纯收入为5814.16元，分别是全区城镇居民人均可支配收入的20.19%和16.72%，牧民与城镇居民的收入差距很大。

表2-6　　　　　2010年内蒙古自治区城镇居民、农民、
牧民收入情况对比

单位：元

城镇居民年人均可支配收入	全自治区农牧民年人均纯收入	牧区县（旗）牧民年人均纯收入	半农半牧区县（旗）农牧民年人均纯收入
34778.82	7951.77	7020.85	5814.16

资料来源：《内蒙古统计年鉴2011》。

那么在这些牧区县（旗）和半农半牧区县（旗）内部，牧民和城镇居

民之间的收入差距有多大呢？为此本书对这一情况进行了梳理，见表2-7。

表2-7　2010年内蒙古牧区县内部城镇居民与牧民收入的对比

牧区县（旗）	牧民年人均纯收入（元）	城镇居民年人均可支配收入（元）	城镇居民与牧民收入比值	牧区县（旗）	牧民年人均纯收入（元）	城镇居民年人均可支配收入（元）	城镇居民与牧民收入比值
阿鲁科尔沁旗	4730	28090	5.94	东乌珠穆沁旗	11528	34262	2.97
巴林右旗	4792	26778	5.59	西乌珠穆沁旗	9462	39007	4.12
巴林左旗	5080	29506	5.81	镶黄旗	5289	37839	7.15
克什克腾旗	5090	33414	6.56	正镶白旗	4748	37649	7.93
翁牛特旗	5069	28404	5.60	正蓝旗	6778	39153	5.78
鄂温克族自治	9067	38355	4.23	达尔罕茂明安联合旗	7300	41712	5.71
新巴尔虎右旗	9057	34996	3.86				
新巴尔虎左旗	9101	31950	3.51	四子王旗	3680	35489	9.64
陈巴尔虎旗	9345	35823	3.83	鄂托克旗	8720	48741	5.59
科尔沁右翼中	3577	21480	6.01	鄂托克前旗	8764	53640	6.12
科尔沁左翼中	4824	23411	4.85	杭锦旗	8694	47536	5.47
科尔沁左翼后	5116	24750	4.84	乌审旗	8755	54244	6.20
扎鲁特旗	5702	25582	4.49	乌拉特中旗	7114	32305	4.54
锡林浩特市	9587	33098	3.45	乌拉特后旗	5840	32693	5.60
阿巴嘎旗	9172	36728	4.00	阿拉善左旗	7090	42530	6.00
苏尼特左旗	5919	38880	6.57	阿拉善右旗	8396	40603	4.84
苏尼特右旗	5140	36245	7.05	额济纳旗	9162	43333	4.73

资料来源：《内蒙古统计年鉴2011》。

从表2-7可以看到，在内蒙古的牧区县里，牧民与城镇居民的收入差距还是比较大的。其中差距最大的是乌兰察布的四子王旗，牧民年人均纯收入为3680元，而城镇居民可支配收入为35489元，是牧民人均纯收入的9.64倍。另外，城镇居民收入是牧民收入7倍以上的有4个牧区县（旗）；6倍以上的有9个牧区县（旗）；5倍以上的则多达19个牧区县（旗），占内蒙古所有牧区县（旗）的57.58%；收入之比在4倍以上的共有牧区县（旗）28个，占到内蒙古所有牧区县的84.85%。由表2-5可以看到，2010年全国城镇居民人均可支配收入已达到19109.44元，全国农牧民人均纯收入为5919.01元,全国城镇居民年人均可支配收入与农牧民年人均纯收入相比,也仅是农牧民平均收入水平的3.2倍。由此我们可以看到,其实在牧区,城乡收入差距更大,甚至远远大于农区,因此,这一问题必须得到重视。

同理,我们也对内蒙古半农半牧区县(旗)的城乡收入差距问题进行了统计分析(见表2-8)。

表2-8　　　2010年内蒙古半农半牧区县(旗)内部
城镇居民与牧民收入的对比

半农半牧区县(旗)	农牧民年人均纯收入(元)	城镇居民年人均可支配收入(元)	城镇居民与农牧民收入比值	半农半牧区县(旗)	农牧民年人均纯收入(元)	城镇居民年人均可支配收入(元)	城镇居民与农牧民收入比值
林西县	4869	27511	5.65	奈曼旗	4647	26541	5.71
敖汉旗	4746	26658	5.62	太仆寺旗	5302	35832	6.76
扎兰屯市	6406	28487	4.45	察哈尔右翼中旗	2995	30881	10.3
阿荣旗	6671	31116	4.66	察哈尔右翼后旗	4630	29706	6.42
莫力达瓦达斡尔族自治旗	6372	26557	4.17	东胜区		55155	
科尔沁右翼前旗	3568	23826	6.68	达拉特旗	8736	48778	5.58
扎赉特旗	3412	22439	6.58	准格尔旗	8766	55164	6.29
突泉县	3388	23283	6.87	伊金霍洛旗	8774	54800	6.25
开鲁县	6532	22857	3.5	磴口县	8220	23379	2.84
库伦旗	4511	25757	5.71	乌拉特前旗	7924	32369	4.08

注:鄂尔多斯市的东胜区缺少数据。
资料来源:《内蒙古统计年鉴2011》。

从表2-8我们可以看到,内蒙古半农半牧区县(旗)内部,城镇居民与农牧民的收入差距仍然较大,比值最高的是乌兰察布市的察哈尔右翼中旗,城镇居民年人均可支配收入是农牧民年人均纯收入的10.3倍。另外,有8个半农半牧区县(旗)城镇居民年人均可支配收入是农牧民年人均纯收入的6倍以上,有17个半农半牧区县(旗)城镇居民年人均可支配收入是农牧民年人均纯收入的4倍以上,占到内蒙古19个半农半牧区县(旗)的89.47%。由此可见,在内蒙古的半农半牧区县(旗),城乡收入差距较大这一问题同样存在。

另外,城镇居民的可支配收入并没有涵盖城镇居民所享有的各种实物补贴,如城镇居民的公费医疗、养老金保障、失业保险、最低生活救济,如果把这些非货币因素都考虑进去,那么牧区的城乡收入差距将更大,即出现了一次分配不平衡,二次分配加剧了这种不平衡的现象出现。

通过以上分析我们可以看到,牧区城乡发展极不平衡,牧区城乡的差距远远超过了农区。如果牧区城乡居民生活差距长期存在,这必将严重影响牧区牧民的生产积极性,难以满足牧民对美好幸福生活的诉求,从而不利于牧区社会经济的健康可持续发展。

这一问题如何来解决呢?城镇化是缩小城乡差距的一个重要途径,当城镇化发展到一定阶段,城乡的差距将逐步缩小,最终实现城乡一体化。那么牧区是否也能通过城镇化实现城乡差距的缩小,下一章我们将讨论这一问题。

第3章

牧区城镇化与农区城镇化的区别

第1节　农区城镇化所取得的成就

新中国成立时我国城镇化率仅为10.60%，随着经济社会的不断发展，特别是改革开放后30年，中国的城镇化进程不断加快，从1978年的17.9%提高到2008年的45.7%，30年提高了27.8个百分点，平均每年提高0.93个百分点。截至2012年年底，中国城镇人口达到7.12亿，人口城镇化率提高到52.57%，达到世界平均水平。

城镇化带来了大规模的基础设施建设和不断增加的消费需求，为城镇的迅速发展提供了重要条件，随之带来的大规模的农村人口转移、农民生产生活方式的重大变革，使农村发生了翻天覆地的变化，更多的农民可以享受到改革开放所取得的成果，城乡差距得以不断缩小，农民的生活更加幸福。

一、城镇化推动农村经济结构调整

城镇化可以优化农村产业结构和就业结构，为农业的规模化经营和集约化经营创造条件。城镇化的过程是农村人口向城镇集中的过程，城镇化为农民在城镇创造更多非农就业机会，从而减少从事农业的劳动力数量,改变农村的就业结构。农业"过剩"劳动力的转移,提高了农业的劳动效率,农村的劳动分工更加细化,有效地把分散经营的农民组织起来,进一步促进农业生产专业化,实现土地、农机、人力、科技等生产要素的优化配置,促进农业规模化、集约化经营。

二、城镇化促进农民就业多元化

城镇化不但推动农民向城镇集中,也促使农民从农业生产转向第二产业和第三产业就业,促进了农民就业的多元化。一些乡镇工业企业,不但可以直接吸纳城镇化农民就业,还可以带动第三产业发展。城镇建设也能就地解决农民就业,随着城镇化过程的推进,包括城镇道路、居民住房、供水供电、文化医疗等各方面城镇化的基础设施建设、专业市场建设、生活小区建设都需要大量劳动力。城镇化为农民创造了多元化的就业机会,使农民从传统的农业劳动中转移到第二、第三产业就业。

三、城镇化提高农民收入水平

一方面,城镇化促进了农业现代化发展,能够增加拥有土地资源农民的收入;另一方面,城镇化改变了以往农民固守农业的生活传统,使经营收入和工资性收入成为农民的收入来源之一,农民收入结构呈现多元化特点,抵御风险能力更强。城镇化形成的聚集经济效应,本身就为农产品的生产创造出巨大的需求空间,推动农业规模化生产,增加农民的农业收入。城镇化过程中反哺支持农村的经济建设,对农民收入的不断增长也产生了积极的影响,如专项农业水利资金投入、转移性支付、技术下乡等多种措施,将大大改善农民的收入结构并实现农民收入水平的不断提升。

四、城镇化改善农民消费结构

城镇化为农村居民提供现代化的生产方式和生活方式,对农民的消费结构产生深刻影响。随着农民向城镇的转移，农民对交通通信的需求增加。城镇化改变了农民的居住环境，农民的居住消费比重较大。城镇的现代化生活使农民的家庭设备用品更加齐全，彩电、冰箱、洗衣机等基本普及。休闲娱乐消费有所上升，随着城镇居民收入水平的提高，人们对生活品质的要求越来越高。城镇化改变了以往农村居民的生活理念，更加注重医疗保健，用于医疗保健的消费支出继续上升。

五、城镇化提高农民文化水平

城镇化的发展需要大量社会劳动力，同时也对人才提出了多样化的需求，进城务工的农民则根据市场的需要不断提高自身的专业技术水平，以适应人才市场的用工需求，这从自身的角度出发，农民的文化教育水平也得到了明显提高。同时，城镇化促进了职业教育的发展，通过专业技能培训，使更多的农村居民由单一从事农业生产的农民转变成为熟练的产业工人，农民的专业能力和文化水平得到进一步提高。另外，随着城镇化的发展，农民的收入不断提高，也对下一代的教育提出了更高要求，促使城镇学校提高教育质量，农民的整体受教育水平得到提升。

六、城镇化提高农民的社会保障福利

城镇化打破了长期以来城乡二元体制的禁锢，进城务工的农民在达到一定条件的情况下，可以申请获取城镇户口，并享受到同城镇居民一样的社会保障福利。过去由于城乡二元体制的限制，城镇和农村被户籍人为地割裂了，城乡的社会保障存在着较大差距。城镇居民可以享受到教育、医疗、养老、失业等多种社会保障福利，而农民所享受到的社会保障福利是差别化的，即使是同样的社会保障所能享受到的福利程度也不同，且与城镇居民存在较大的差距。在很大程度上来说，一次分配城乡之间存在差距，而在中国城乡二元体制下二次分配不但未能缩小城乡差距，反而还将这种差距扩大了。因此，城镇化的推进提高了农民的社会保障福利，进一步缩小了城乡差距。

第 2 节　农区城镇化的成功经验

一、承包地流转

农区城镇化进程中，通过承包地的流转，土地的重新规划，有效解决了土地资源不足以及土地资源浪费等问题。承包地流转主要有三种形式，即转包、租赁和入股。转包就是指承包方将部分或者全部土地承包经营权以一定期限转给同一集体经济组织的其他农户从事农业生产经营。租赁是指承包方将部分或者全部土地承包经营权以一定期限租赁给他人从事农业生产经营。土地入股是指承包方之间为发展农业经济，将土地承包经营权作为股权，入股组成股份公司或合作社等，从事农业生产经营。通过承包地的合理流转，最终将土地集中到种植大户、农民专业合作社以及农业企业手中，实现了土地的高效利用，推动了农业的规模化和集约化发展，为进一步释放农村剩余劳动力，推动城镇化的顺利进行创造了重要条件。

二、宅基地置换

随着城镇化进程的推进，大量农民进城务工，在城镇有稳定工作的农民，通过宅基地的置换在城镇换取相应的社会保障。置换的具体流程是农民进城后将宅基地交给政府，政府根据耕地增减挂钩原则将宅基地平整为耕地，而多出来的耕地指标被调整为城镇建设用地。同时将多出的城镇用地出让，并将这部分土地增值溢价的一部分返还给农民，换取城镇的政策保障房、商品房以及相应的社会保障。通过农村宅基地的置换，不仅为进城务工的农民提供了稳定的住房，同时也解决了城镇用地紧张问题。

三、产权认定

承包地流转及宅基地置换的前提条件是要对农民的承包地使用权、宅基地使用权、农民房屋的产权进行确定。没有产权，农民盖的房子不能抵押，不能转让，甚至连出租都困难，只有农民有了产权，才能有效地保证并增加其资产性收入，其相应权益才能得到法律的保护。这样，进城的农民可以放心将土地、房屋进行转包、租赁或入股，在收入增加的同时，也不再担心因没有维权的法律凭证而使自己的权益受到侵害，解决了离开农村的后顾之忧。清楚的产权界定是市场交易的前提，2011年12月中央农村工作会议中已经明确提出了土地承包经营权、宅基地使用权、集体收益分配权等是法律赋予农民的合法财产权利，任何人都无权剥夺。因此，在现阶段，尊重并保障农民土地财产权，并从法律、制度层面确权、还权及维权，是城镇化进程中各项工作开展的重要基础。

四、农业的规模化生产

家庭土地责任承包制实施以来，农民的生产积极性得到释放，农业生产效率不断提高。但随着科技的进步以及农业机械的更新，以家庭农田为单位精耕细作的农业生产方式不再适应农业现代化的发展要求，有限的家庭农田难以实现规模化经营，而以家庭为单位的农民也难以拿出充裕的资金购买新型农业机械或对农业进行技术改良。再加上近年来受到通货膨胀的冲击，农业生产成本不断上涨，农民单纯靠农业生产所能获得的收入十分有限，与城镇居民的收入差距也不断拉大。在这种条件下，有必要对现有的农业生产方式进行调整，以适应农业现代化发展的需要。农业现代化将改变过去以劳动力投入为主要生产要素的传统农业生产方式，并通过规模化、机械化以及技术创新，实现传统农业向资本和技术密集型行业转变，从而提高农业生产效率，在原有的耕地面积上获得更多的农业产品。具体而言，农民通过农田租赁、入股等多种形式与种植大户、专业合作社或农业企业签订协议，交由种植大户、专业合作社或农业企业对农田进行规模化耕种。种植大户、专业合作社或农业企业有资金、有技术，也有设备，他们通过规模化和机械化生产，降低了农业边际生产成本，从而实现农业生产效率的提高，并获得可观的利润。而农民除了定期获得土地租金、股份红利以外，还可以通过选择外出务工或被聘为农业工人从而获得额外的劳动报酬,实现了收入的增加。同时,更多的农村剩余劳动力也得到了释放,可以参与到城镇的第二或第三产业的就业中来。

五、农村金融支持

大力发展村镇银行、农村信用社、资金互动社、小额贷款公司等农村金融服务机构,为农民自主创业、扩大生产规模提供必要的资金支持。当前,农民贷款难这一问题十分突出,而导致农民贷款难主要源于两方面的原因。第一,农民可用于抵押贷款的资产十分有限,而农民的承包地、房屋由于没有产权,因此无法进行抵押,出于风险考虑,银行自然不愿放贷。即使在农民的承包地使用权、宅基地使用权和农民房屋产权认定,可以抵押贷款的前提下,银行贷款也会所有顾虑:万一要是贷款到期农民不还款,银行又如何去处理这些作为抵押品的土地和房屋呢?对于农民的承包地使用权、宅基地使用权和农民房屋产权银行是无权进行随意出售的。第二,银行对农民的信用状况和资产情况不了解,即使要了解其成本及难度也不小,另外农民贷款多为小额贷款,收益也有限,再加上没有一定的担保,银行自然不愿贷款。因此,为解决这两方面的问题,首先可以在省、市一级成立农村产权交易中心,把到期不还的抵押品进行网上公示,吸引买主,成交后将地产和房产的交易金额直接划到银行抵债,解决银行抵押品处理问题。这里需要注意的是,贷款的额度要有控制,避免农民的土地和房屋因无法还贷而直接破产和无家可归。这里可以借鉴重庆的做法,即将部分财政扶贫款和补贴资金转为农民信贷基金,为农民支付银行贷款利息,转"输血"为"造血",在减轻农民还贷压力的同时鼓励农民进行贷款创业和扩大再生产。针对第二个问题,可以成立县一级的农村信用社担保中心,以此作为农民和银行之间的中介机构,调查贷款人的信用状况、资产负债状况并为贷款人担保向银行进行贷款。

六、第二、第三产业拉动

农业现代化、规模化的发展,必然推动农业生产效率的大幅提高,农村大量剩余劳动力也因此从土地中解放出来。在这种情况下，这些农村的剩余劳动力就不得不面对一个再就业的问题。如果城镇没有第二、第三产业的支撑，无法提供足够的就业机会，那么这些农村剩余的劳动力资源不仅可能得不到充分的利用，同时还有可能引发社会的不稳定因素，因此强有力的产业支撑是城镇化的必要条件。就产业结构而言，虽然第二产业在城镇化初期会吸纳大量的劳动力，但随着技术进步和劳动力成本的上升，第二产业新吸纳的劳动力数量将逐渐减少。因此，要继续推进城镇化进程，吸纳更多的农民进城工作，除了不断扩大第二产业规模，形成新的生产能力和就业机会之外，还要大力发展第三产业。那么如何扩大和发展第二、第三产业呢？首先，政府部门应该充分比较和分析当前的市场形势，因地制宜，在明确本地产业发展潜在优势的基础上，通过鼓励、引导等手段将这种潜在优势转化为当地现实的产业优势。同时，以优势产业为基础，充分发挥其辐射和带动作用，不断延伸产业链的上下游产业，逐步构建起分工协作、配套齐全的产业集群，以实现产业对就业的拉动。

七、大力发展小微企业

引导和鼓励发展小微企业，为进城务工人员提供就业机会。小微型企业投入小，技术和装备简单，易于创建，虽然每户规模不大，但数量增加快、吸纳就业面广。在欧洲，2000多万户企业中，微型企业就占到了93%，提供了1.22亿个就业岗位；在美国、加拿大，微型企业解决就业人数接近非农劳动力的90%。大力发展微型企业，可以有效地解决就业问题。同时，微型企业由于规模小，经营灵活，能够迅速反应并调整以适应市场的变化。正因为这种优势，很多企业能够由小到大，不断实现规模的扩大、扩张，许多著名的大型企业或公司就是由微型企业发展而来的。另外，对于农民、下岗工人和大学毕业生而言，他们的资金、技术和经验有限，小微企业较低的进入门槛也为其提供了创业的机会。很多地方政府通过建立小微企业创业园、小微企业工业园，为小微企业提供经营场地并给予各种帮助。如重庆，就采取了以下措施来扶植小微企业：（1）减税、免税；（2）便利它们获得小额贷款；（3）创业时资本金不足的，由政府垫支一部分资金，帮助小微企业创业者开业；（4）免费培训小微企业的业主和职工；（5）简化登记注册手续。这些措施受到小微企业创业者们的欢迎，极大调动了他们的创业积极性，为解决城镇的就业问题提供了重要条件。

八、城市的建设

为了不断推进城镇化进程，需要加强城镇的基础设施和公共服务设施的建设，大力发展公用事业和城镇服务业，美化亮化城市环境，从整体上提升城镇的吸引力和承载力。然而城市的这些建设离不开大量的资金支持，而且是持续多年的，这样的巨额资金如何筹集呢？有一部分是依靠政府筹集，依靠政府的财政支出，比如说义务教育的设施、某些医疗卫生设施、自然和消防的设施、环境治理的设施，政府财政无疑要承担这些建设的费用。居民住宅中的廉价房、经济适用房的建设，政府也有责任承担。但由于当前地方财政事权与财权不匹配，使得在城市建设过程中财政资金缺口较大，特别是中西部的欠发达地区，城镇建设资金十分短缺。虽然"土地财政"在短期内能解决部分资金问题，但毕竟不是长久之策。另外，通过地方债务融资来进行城市建设也存在许多问题。随着建设规模的扩大和周期的拉长，地方欠债会越来越多，最后又由谁来偿还这些债务呢？另外城市公用事业的建设资金来自何处也是一个复杂的问题。如城市的供水、供气、供热、供电、公共交通等，还有其他公共服务业资金，其来源既不能完全靠财政，也不能完全靠市场。之所以不能够完全靠财政，是因为财政的力量毕竟是有限的；之所以不能完全靠市场，是因为公用事业一般投资周期长、回收期长，企业都是以营利为目的，不愿意投入大量的资金在公用事业方面。鉴于这些问题，可以学习某些发达国家的经验，如澳大利亚和新西兰，先由政府财政出资作为种子基金，同时吸引金融机构投资者共同出资建立一个城市公共投资基金，在公共投资基金建立以后，通过基金向民间发放金融债券，到民间去集资，吸引民间资本进入城市建设投资。这样不仅扩宽了民间资本的投资渠道，同时还解决了城镇化过程中城市建设的资金来源问题，为城镇化的推进提供了必要的条件。

九、户口身份问题

随着城镇化进程的推进，许多进程务工的农民通过自身的努力在城镇获得了稳定的工作，并在城里购房安家。他们的生活方式与普通的城镇居民已经没有区别，甚至有些家庭的收入还略高于城镇居民的平均水平，然而，其身份在某种程度上仍然受到歧视，在城镇生活却不能享受与城镇居民相同的社会身份和待遇。如孩子读书需要交纳更多的选校费，甚至被一些好的学校拒之于门外；同样去医院看病，城市的职工公费医疗，而农民是合作医疗。城市户口和农村户口的差别使得同样生活在城镇里的务工农民受到了不平等的待遇。农民和工人仅仅只是从事的行业不同，农民进城务工，从事的行业变化了，成为了产业工人，那么就应该被称为工人，那为什么还要给他们贴上"农民工"这一标签呢？这也是一种身份的歧视。进城务工的农民为城镇的经济发展做出了巨大贡献，而城镇为何不能给他们一个公平的待遇和身份呢？为了解决这一问题，中央要求加快改革户籍制度，落实放宽中小城市和小城镇落户条件的政策。许多地方出台了相关文件让符合条件的农民落户城镇，如广东出台了农民工积分制入户城镇工作指导意见；重庆出台了统筹城乡户籍制度改革农村居民转户的实施试行办法；上海、成都、深圳等地探索实行居住证制度，凡领取居住证的流动人口，在求职务工、社会保险、子女接受义务教育等方面享有与当地市民同等的待遇。

十、社会保障问题

城镇化实际上也是缩小城乡差距、实现城乡一体化的过程。在这个过程当中，教育、医疗资源的城乡均衡配置使得城乡公共服务差距不断缩小。如在很多地方，高中集中在县城办学，同时给寄宿的农村学生减免一定的食宿费用，这样就可以让农村的学生在不增加额外负担的同时，也享受到与城里学生相同的教育资源。对于部分在乡里办学的初衷，政府也通过增加农村教师工资补贴，推动城乡教师轮岗交流等形式，打破过去优质教育资源在城市过度集中的状态，逐步实现教育资源的城乡均衡化布局。在医疗卫生方面，随着新型农村合作医疗工作的推进，农民看病有了保障，即使得了大病到城市的医院治疗也能享受到大病统筹医疗保险，逐步减少了因病致贫或因病返贫现象的发生。另外，随着农村社会养老保险覆盖面的不断扩大，参加保险的农民到60岁也能像城里人一样获得养老保险金，老有所养的社会保障福利在一定程度上为农村的老年人提供了生活保障，减少了生活负担。

第3节 牧区城镇化与农区城镇化条件的差异

牧区城镇化与农区城镇化的条件有所不同，包括牧区地广人稀的特点、土地性质、城乡的结构布局、牧民特有的生活习俗以及牧民的教育、就业等与农区相比存在特有的差异，在这一前提下，牧区城镇化的进程和模式与农区相比自然也有所区别。

一、人口与土地的不同

农区地少人多，农村有大量的剩余劳动力需要释放，可为城镇化输送大量的劳动力。而牧区地广人稀，畜牧业繁重的放养模式以及相对较少的人口，导致牧区可向城镇转移的劳动力有限，直接影响了牧区的城镇化速度。农民除了承包地以外还有宅基地，通过宅基地上的房屋出租，可以获得一定的财产性收入。在农民进城之后，还可以通过宅基地使用权的置换，换取城镇的政策保障房、商品房以及相应的社会保障，在一定程度上为进城农民解决了后顾之忧。然而对于牧民而言，最初只有草场承包地，没有宅基地，一般都居住在搭建于自家草场的帐篷中。随着牧民定居工程的推进，绝大多数牧民有了定居住房，开始了定居生活，但并没有明确的宅基地使用权，以至于在城镇化过程中难以复制农区宅基地置换的成功经验。

二、文化差异与生活习俗的不同

我国牧区的牧民多为少数民族，由于受生活方式和文化传统的影响，大多数牧民习惯于草场放牧的自给自足、悠闲自在的生活，不愿外出务工，改变现有的生活状态。草场放牧虽然比较辛苦，但时间相对自由，早上将牲畜赶到牧场后就可以回家做其他事，或者悠闲地躺在草原上晒太阳，只需在天黑之前将牲畜安全赶回圈棚就行，甚至一些牧民家的牲畜能自己按时成队回家，都无须人工引领。因此，除了打草牧忙时节以外，牧民大多时间还是比较悠闲的。日出而作，日落而息，大口吃肉，大碗喝酒的传统生活方式让绝大多数牧民怀念，不愿轻易改变这样悠闲的生活状态。因此，牧民原有的生产生活方式及思想观念会在一定程度上制约着牧区城镇化的进程。对照农区而言，农民更多的是考虑如何提高收入，改善生活质量，提升生活水平，更何况每日在田地耕作的生活对他们来说枯燥无味，毫无乐趣。因此，只要外出打工能挣更多的钱，他们会欣然离开土地进城务工。从这里可以看出，牧区和农区在文化传统和生活习俗方面的差异，也是在牧区城镇化过程中需要认真思考的问题。

三、教育程度的不同

对比农区的教育而言，牧区的教育还是相对比较落后的。首先，绝大多数的牧民都是少数民族，在过去牧区教育主要是以少数民族语言教授为主，因此牧民的汉语汉字应用能力就相对较弱。其次，牧区地域广阔，牧民居住相对分散，在以达到一定学生规模为建校标准的条件下，很多牧民家庭离学校的距离较远，孩子上学并不方便。特别是对于上幼儿园年龄的孩子，他们不能寄宿，所以许多牧民不愿将那么小的孩子送去幼儿园。因此，在孩子最初的教育阶段就与农区很多地方有差距。即使小学可以寄宿，但牧民也多把孩子送到牧区临近的小学上学，而不是乡镇。牧区小学的条件远比农区艰苦，不仅教学设备陈旧短缺，教师流失也十分严重，就少有的教师当中，也普遍年龄老化、教育观念陈旧、知识更新缓慢，优秀教师资源十分匮乏，总体来看，小学教育相对也比较落后。而对于中学而言，牧区借鉴农区，只在乡镇办初中、县城办高中的集中办学模式，学生统一住校，解决城乡教育资源配置不均衡问题。因此，可以看出，牧区与农区相比，教育程度的差距主要存在于现在中年人的汉字汉语应用以及基础的学前和小学教育上。

四、医疗资源的配置不同

农村和牧区一样，村卫生室和乡镇卫生院都普遍存在医疗设施落后、医生诊断水平不高的问题，基本上只能解决农牧民一些常见疾病。但农村到县城距离相对较近，政府通过加大对县城医院的建设投资和对医师的培训，就可以让绝大多数农民较为方便地享受到较好的公共医疗服务。相对而言，牧区地广人稀，牧民居住又较为分散，到旗县医院看病对于绝大多数牧民来说距离太远，不方便。因此，农村和牧区在城乡公共服务一体化上就存在医疗资源配置不同的问题，同样的医疗服务经费投入，对于农村而言，可以相对集中到县城，这样既可以避免投资过于分散，造成资源利用不经济，又可以让绝大多数农民较为方便地享受到更好的医疗服务；而对于牧区而言，则可能需要将资源更多地向村卫生室或乡镇卫生院倾斜，这样才能让绝大多数牧民较为方便地享受到医疗服务。

五、就业形势不同

在许多牧区，有很大一部分的牧民不会汉语或汉语交流困难。在这种条件下，受语言的限制，牧民很难在外找到合适的工作。另外，由于牧民家庭的草场面积较大，可放养的牲畜数量较多，因此，牧民的整体收入虽然不多，但相比周边的农民来说也要偏高。他们在生活上没有太大的压力，再加上悠闲自由的生活方式早已成为习惯，所以牧民外出打工的积极性并不是很高。而农区的农民家庭耕地土面积小，再加上农作物产品价格相对较低，除去生产成本之外，农民家庭单纯依靠农业生产所能获得的纯收入十分有限，而外出打工所获得的工资性收入普遍高于农业生产收入，出于生活的压力并期望获得更多收入以改变现状，农村很多中青年农民都选择外出务工。

六、规模化经营

农区在农业规模化发展的驱动下，许多农户通过出租、转包、入股等形式实现了土地的流转，农民即使不种地也能从土地流转中获得租金和分红。而牧区各户的草场面积较大，少则几百亩，多则上千亩，且大多都在少数民族地区，特别是当前草场流转尚处于探索阶段，一旦草场在大规模流转经营过程中出现问题，那么后果的严重性必须要考虑。另外，在通过流转进行规模化经营的生产过程中，耕地和草场还存在不同的信用风险。草场流转后，经营方为了在承包或转租期间获得利润最大化，有可能在草场的可持续发展问题上选择责任逃避，尽可能地在承包或转租经营期内挖掘草场的承载潜力，一旦经营合约期满，再换到其他草场，而之前被破坏的草场可能需要花费比耕地更多的休养时间才能恢复生产，因此，这也必然会给流转方的牧民带来更大的损失。

七、城镇规模不同

牧区城镇规模普遍偏小，带动和辐射能力不强。以内蒙古赤峰为例，全市34个重点镇中，镇区占地面积不足3平方公里的城镇达27个，占所有重点镇的79.4%。城镇人口是反映小城镇发展状况的重要指标之一，一般而言，小城镇总人口应在5万人以上，镇区人口2万人以上才能产生一定的聚集效应。而在赤峰34个重点镇中，镇区人口在1万人以上的镇只有7个，占建制镇总数的21%，6000人以下的镇多达20个，占建制镇总数的58.8%。2010年年底的统计数据显示，全市平均每个重点镇镇区常住人口仅0.65万人，与理想的小城镇标准相去甚远。

八、与城镇的距离不同

牧区地域辽阔，人口居住分散，城镇对广阔牧区的辐射有限，对周边资源的吸引力较弱，很大程度上影响了小城镇辐射和带动作用的发挥。另外，农村与城镇的距离普遍要小于牧区与城镇的距离，因此，农村更容易在耕地增补平衡过程中通过宅基地或农村集体用地流转获得更高的土地溢价，从而可获得比牧区的牧民更多的财产性收入。

第 4 章

牧区城镇化思路的探索

第1节 问题的提出

既然牧区城镇化与农区城镇化的条件不同，其城镇化进程自然也应有自己特点，不能完全照搬农区的城镇化模式。那什么样的城镇化模式适合牧区呢？

首先我们要回答牧区城镇化最终需要解决的问题是什么？为什么要推动牧区的城镇化？牧区城镇化是为了增加牧民收入，缩小牧区的城乡收入差距；实现公共服务资源在城乡的均衡配置，破除牧区城乡二元体制，推动社会保障的城乡一体化。那么如何从牧区的特殊条件出发，实现牧民收入的增加和社会保障服务的完善呢？

第2节 牧民收入增加的路径选择

为了探寻增加牧民收入的实施路径，本节将以赤峰为例，探讨并分析牧民收入的基本情况。赤峰市位于内蒙古自治区东南部，蒙冀辽三省区交汇处，全市面积9万平方公里，总人口460万。全市辖12个旗县区，其中有阿鲁科尔沁旗、巴林左旗、巴林右旗、克什克腾旗、翁牛特旗5个纯牧业旗，可利用草牧场面积达6097万亩，占全市草原总面积的83.5%。作为畜牧业大市，2010年，全市牲畜存栏达到1700万头只，牲畜存栏已连续五年居全区首位。全市畜牧业总产值达104.05亿元，占第一产业比重的43.2%。

一、近年来赤峰城乡收入对比

为了了解赤峰城乡收入差距状况，本书将牧民与城镇居民的收入进行对比分析，表4-1和图4-1显示了最近10年赤峰城乡收入差异的变化情况，从2000年到2003年牧民人均纯收入与城镇居民可支配收入的差距不断扩大，但从2004年开始收入差距逐步缩小，到2006年缩小到0.363:1，而2007~2009年的收入差距基本保持在0.35:1。对照内蒙古自治区整体城乡差距情况来看，从2006年以来全自治区牧民人均纯收入与城镇居民可支配收入比值基本保持在0.45:1，由此对比可以看出，赤峰城乡收入差距的问题较为突出。

表4-1　　　　　　　　2000~2009年赤峰市城乡收入情况

年份	赤峰市 城镇居民可支配收入（元）	赤峰市 牧民人均纯收入（元）	赤峰市 比值（乡/城）	内蒙古自治区 城镇居民可支配收入（元）	内蒙古自治区 牧民人均纯收入（元）	内蒙古自治区 比值（乡/城）
2000	4588	1535	0.335	5129.1	3354	0.65
2001	4956	1599	0.323	5535.9	3277	0.59
2002	5407	1659	0.307	6051	3052	0.50
2003	6027	1829	0.303	7012.9	3201	0.46
2004	6706	2172	0.324	8123.1	3571	0.44
2005	7572	2625	0.347	9136.8	4341	0.48
2006	8451	3068	0.363	10358	4502	0.43
2007	10032	3497	0.349	12378	5510	0.45
2008	11538	3987	0.346	14433	6194	0.43
2009	12670	4431	0.35	15849	7071	0.45

资料来源：赤峰历年统计年鉴。

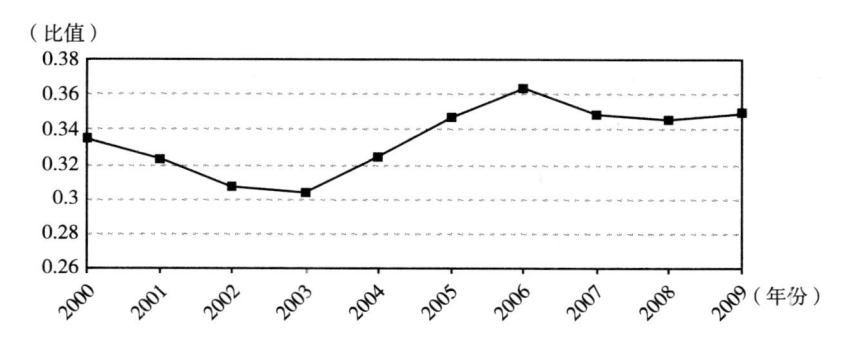

图 4-1　2000~2009 年赤峰乡城收入比值变化

总体来看，赤峰目前的城乡收入差异仍然较大，如何进一步缩小牧区城乡收入差距将是赤峰未来需要解决的重要问题。

二、赤峰产业结构变动

赤峰的工业化启动较晚，2000 年赤峰三次产业结构的比重为 26.4∶31.6∶42.0（见表 4-2 和图 4-2），2000~2003 年，尽管在三次产业结构比重中工业所占比重不断增加，但每年增幅较小，直至 2003 年，第二产业所占比重才增加至 33.2%，年均增长 0.41%。而 2004~2009 年，工业发展十分迅速，工业所占比重也不断增加，特别是 2006~2009 年，第二产业所占比重由 38.7% 迅速增加至 48.4%。而对应的第一产业在 2000~2003 年所占比重却在不断增加，由 2000 年的 26.4% 上升到 2003 年的 27.6%；2004~2009 年逐步开始降低，从 27.5% 下降至 16.3%。

表 4-2　2000~2009 年赤峰市三次产业结构比重变化情况　　　单位:%

年份	第一产业	第二产业	第三产业
2000	26.41	31.55	42.04
2001	26.66	30.47	42.87
2002	26.75	31.19	42.05
2003	27.61	33.18	39.20
2004	27.51	34.67	37.82

续表

年份	第一产业	第二产业	第三产业
2005	26.46	36.82	36.73
2006	21.20	38.75	40.05
2007	19.03	45.03	35.95
2008	17.87	47.92	34.21
2009	16.32	49.45	34.24

资料来源：赤峰历年统计年鉴。

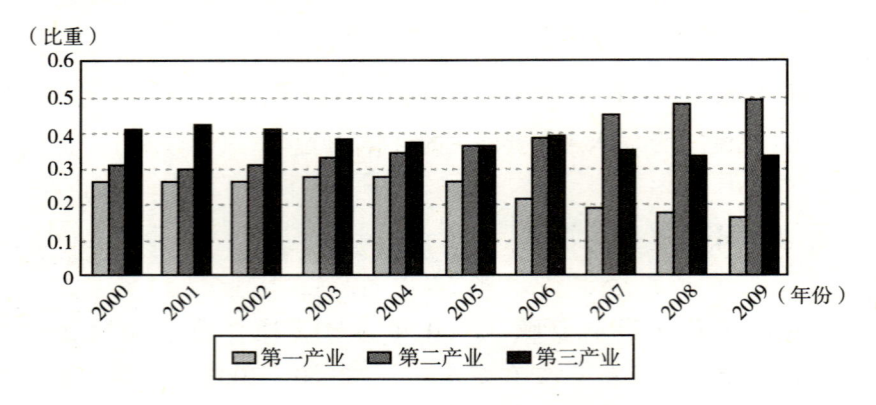

图4-2 2000~2009年赤峰三次产业结构变动示意

资料来源：赤峰历年统计年鉴。

从三次产业结构变化来看，赤峰较快的工业增长速度，必将进一步拉动城镇居民的收入增加，而随着当前第一产业比重不断下滑，牧民人均纯收入还将面临与城镇居民可支配收入差距继续拉大的问题。

三、赤峰牧民收入来源分析

牧民家庭年均纯收入的主要来源包括工资性收入、家庭经营纯收入、财产性收入和转移性纯收入。从图4-3可以看出，近5年来牧民家庭经营纯收入始终占到总收入的70%左右，是牧民家庭纯收入的支柱来源。家庭经营纯收入主要来源于畜牧产品的出售，其中，肉类、奶类和皮毛产品为主要出售产品。工资性收入、财产性收入近几年来也变化不大，而转移性纯收入所占的比重有了明显提升，这与国家近几年来对牧民的补贴和支持

第4章 牧区城镇化思路的探索

力度不断增加有关。

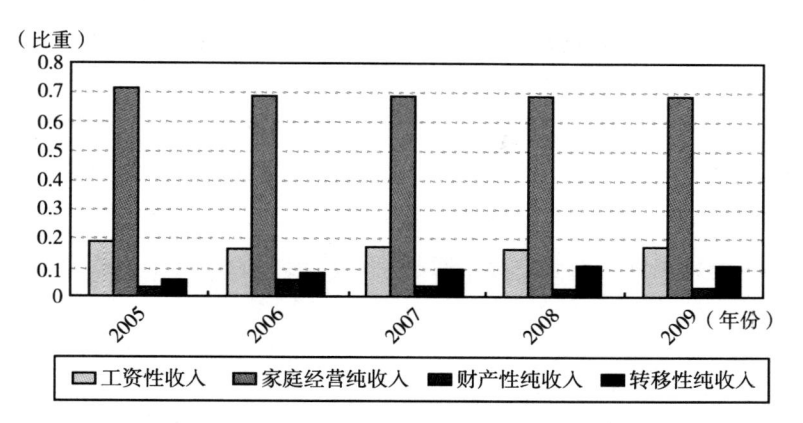

图4-3 2005~2009年赤峰牧民家庭年均纯收入来源比例

资料来源：赤峰历年统计年鉴。

从牧民家庭人均纯收入的来源构成看，工资性收入除了担任某类公共服务职能获得一定工资以外，主要来源于外出务工收入，但受限于牧民的受教育水平、汉语水平以及思想禁锢等因素，外出打工的牧民不多，这类收入相对较少（见表4-3）。

表4-3　　2005~2009年赤峰牧民家庭每年人均纯收入情况　　单位：元

年份	工资性收入	家庭经营纯收入	财产性纯收入	转移性纯收入
2005	499.62	1885.96	87.66	151.88
2006	506.84	2112.91	175.06	273.43
2007	594.95	2418.95	142.7	340.44
2008	655.67	2762.89	117.11	451.5
2009	751.46	3062.69	142.02	474.81

资料来源：赤峰历年统计年鉴。

而对于牧民家庭经营纯收入而言，目前其来源仍以第一产业经营收入为主，第二和第三产业经营收入相对较少。如2009年，在牧民家庭经营人均纯收入构成中，第一产业纯收入多达2965.01元，而第二和第三产业纯收入却分别仅为6.05元和91.64元。可以看出，提高增加牧民家庭经营收入中的非农产业部分收入对于提升牧民整体收入水平有着重要的作用，同时其可挖掘潜力巨大。

从当前牧民第一产业经营收入来看，其收入主要由生产成本、家庭畜牧品的生产量以及畜牧品的出售价格所决定的。其中，生产成本和家庭畜牧品的生产量主要取决于家庭的生产效率和集约化程度，而畜牧出售品的价格除了受市场供求关系的影响外，商品的市场化程度也是重要的一个影响因素。然而，由于牧区小城镇规模普遍较小，基础设施落后，产业化和市场化水平也偏低。因此，除了旗县所在地的城关镇具备规模化的商品交易市场外，其他小城镇的商品交易市场都是零星分散且缺乏活力。同时，由于牧区县域辽阔，如牧民将自家数量有限的畜牧产品运到城关镇进行销售，价格虽然可能更为合理、更接近市场水平，但一旦扣除高额的运输成本，其实际收益并不乐观。因此，目前牧区家庭畜牧产品的出售主要以中间商上门收购为主，在这种信息不对称的条件下，畜牧出售品的价格往往低于真实的市场价格，市场的差价被中间商赚取，从而在一定程度上减少了牧民的收入。

目前，牧民的财产性纯收入主要来源于草场经营权的转让，而当地未能形成产业化、规模化的龙头企业带动模式，绝大多数地区仍以家庭草场承包放养为主。在这种情况下，牧民草场经营权对外转让相对较少，少量的转让也主要因外出打工、住址搬迁或年老无法继续从事放牧而对外转包。转包的费用相对也十分低廉，在某些旗县放牧场的租金每百亩每年仅200元或300元。其主要原因在于购买和安装铁丝网对自家草场围圈的成本较高，数千亩草场，仅购买铁丝网也需耗资4万~5万元，每年的维修支出也多达数千元。因此，许多家庭并未对自家草场进行圈围，牛羊跨界觅食问题普遍存在，再加上缺少规模化的草场承包企业，从而导致这些少量的转租草场所获得的租金难以体现其实际价值。

随着国家对牧区支持力度的不断增大，牧民转移性纯收入也会随之不断提高。从2011年起，中央财政决定每年将分别安排70亿元、38亿元，对全国牧区按6元/亩的标准实施禁牧补助，以及按1.5元/亩的标准实施草畜平衡奖励，同时，进一步增加了牧区畜牧良种补贴、实施牧草良种补贴和牧民生产资料综合补贴等生产性补贴，旨在通过二次分配增加牧民收入，从而缩小牧区的城乡发展差距。

四、赤峰牧民支出分析

从牧民家庭每年人均支出来看,根据 2009 年的数据显示,牧业生产费用支出和生活消费支出占总支出的比重最高,分别为 27.08% 和 50.13%(见表 4-4)。

表 4-4 2009 年赤峰牧民家庭每年人均消费构成情况 单位:元

农业生产费用支出	牧业生产费用支出	购置生产性固定资产支出	生活消费支出	转移性支出
822.15	2142.56	247.77	3965.38	636.36

资料来源:《赤峰统计年鉴 2010》。

2009 年牧民人均牧业生产费用支出为 2142.56 元,而牧业总收入为 4808.78 元,牧业生产费用支出所占比例高达 44.56%,可见牧业生产的成本之高,直接影响了牧民的纯收入水平。从牧业生产成本来看,主要包括畜牧幼种、饲草料等生产资料购买以及牧业生产雇工等牧业服务性支出。近年来为加强草原生态保护和建设,赤峰全市禁牧、休牧、划区轮牧面积不断扩大,到 2009 年总面积已达 8539.3 万亩,再加上干旱等自然灾害的影响,饲草料的产量大幅降低,一时难以满足饲养需求,其价格也因此日益攀升,成为当前牧民生产成本增加的重要影响因素。同时,以家庭为单位的简单生产难以形成规模效应,导致生产经营成本居高不下,特别是在牧忙季节往往因家庭机械化程度较低,不得不租用打草机械,雇用短工帮忙,为此需要支出较高的生产成本,如 2009 年,仅牧民人均牧业服务性支出一项就多达 570.3 元。

在 2009 年牧民人均生活消费支出当中,与民生息息相关的交通和通信消费支出、教育服务支出、医疗保健支出占牧民人均纯收入的 30.34%,而城镇居民这三项的支出仅占人均可支配收入的 14.86%。即使再加上城镇居民社会保障支出,这四项支出之和也仅占城镇居民人均可支配收入的 18.24%。可以看出,牧区交通和通信的基础设施建设,对于地域辽阔的牧区牧民而言十分必要,便捷的交通和通信不仅有利于牧民的生产和生活,同时,对于降低牧民消费支出,缩小城乡差距也有着重要作用。另外，城镇和牧区社会保障二元结构的存在，使得在收入二次分配过程中，社会保障投入仍然更多地流向城市，而对于牧区的牧民而言，不得不为获得必要的教育医疗服务承担更多的消费支出，从而导致城乡差距的进一步拉大。

五、提高牧民收入存在的障碍

障碍一：部分年龄较大的牧民不愿意放弃熟悉并多年沿用的畜牧业生产生活方式，宁愿过简单、宁静、悠闲的放牧生活；牧民文化程度也相对偏低，商品经济思想薄弱，同时缺乏必要的职业培训，因此，除了以畜牧业生产以外，从事第二、第三产业的牧民较少，牧民很难在城镇找到工作，从而增加其工资性收入。

障碍二：牧民草场承包经营权流转机制不健全，牧民草场经营权对外转让相对较少，其财产性收入有限。

障碍三：以家庭为单位的简单生产难以形成规模效应，导致生产经营成本居高不下。

障碍四：草场节水灌溉工程设施建设滞后，一旦出现干旱、缺乏水源的情况，饲草料地的产草量就大幅度降低，从而导致草饲料匮乏，载畜量下降。

障碍五：小城镇自身经济基础薄弱，多数建制镇没有形成特色经济，缺少有效地产业带动，吸纳牧区人口能力不强，难以形成人流、物流和信息流，导致有城无市、有城无人等城镇空心化现象存在，这在很大程度上制约着牧区产品和消费品的市场化程度，从而影响了牧民的收入水平。

障碍六：交通、通信等公共基础设施建设相对滞后等问题也已经成为制约牧区经济社会发展、牧民生活水平提升的突出问题。

六、牧民收入增加的路径选择

年龄较大的牧民一般不愿离开草原，改变其原有的生活方式，就算到了城里也很难找到合适的工作。因此，牧区的城镇化不一定考虑牧区牧民人数的绝对减少，愿意留在牧场的应让他们留下，不能强行让他们进城。

在通过草场经营权流转进行规模化生产经营的过程中，存在较大的信用风险。同时，牧区各户的草场面积较大，且大多都在少数民族地区，一旦草场在大规模流转经营过程中出现问题，后果的严重性必须要考虑。因此，在草场经营权流转问题上需要慎重。

增加牧民收入的重点应该放在降低生产、交易成本和完善基础设施建设上，而基础设施的完善最终也是为了降低生产和交易成本。降低生产和交易成本关键在于提高牧区的市场化程度（牧民家庭产品的市场化程度，生产资料供应的市场化程度以及生活消费品供应的市场化程度）和增加生产投入（金融信贷支持）。

鉴于牧区的特殊性，牧民不一定愿意放弃牧区的生活，搬到城里居住。因此，在考虑牧区城镇化的工作当中，不能照搬农区城镇化的模式，而可以通过提高牧区市场化程度来实现城镇化所能带来的好处。

第3节 牧民社会保障服务的完善

牧区城乡二元体制的存在使得牧民不能享受到与城镇居民相同的社会保障服务，差距主要表现在教育、医疗和养老三个方面。

一、牧区教育

从教育来看，城镇的人均教育投入经费高于牧区，城镇的学校建设好于牧区学校，城镇学校的教学设备也要优于牧区。另外，因为城镇学校老师的待遇、居住环境都明显优于牧区，自然也使得优质的教师都向城镇集中。这样一来，牧区在教育的硬件和软件方面都要远远落后于城镇。再加上牧区地域广阔，牧民居住相对分散，在以达到一定学生规模为建校标准的条件下，很多牧民家庭离学校的距离较远，孩子上学并不方便。在这个知识改变命运的时代，教育对牧民子女未来的发展而言有着极其重要的作用。通过教育获得知识，才能在激烈的竞争中争取得工作机会，而农村学校环境差，教育质量低，农村的孩子能升到高中甚至大学的不多，从而导致农村的孩子在未来就业方面处于劣势。如果农村的孩子将来仍然像他们的父辈一样只能当农民工，那么这种社会阶层的凝固化将对整个社会发展产生严重的影响。

农牧区教师学历层次较低，高水平教师较少，部分地区的许多现任教师都是由原来的民办教师转过来的，学历水平和知识结构相对落后，难以胜任现有的一些教育教学（见表4-5）。

表4-5　　2004年、2011年内蒙古专任教师分城市、县镇、农村牧区学历合格率　　单位:%

专任教师分城市、县镇、农村牧区学历合格率	2004年	2011年
1. 幼儿园		
全区总计	97.12	98.6
其中：专科毕业及以上教师比例	55.92	78.92
城市	97.38	99.37
其中：专科毕业及以上教师比例	64.90	84.56
县镇	97.07	98.37
其中：专科毕业及以上教师比例	48.13	76
农村牧区	94.46	95.36
其中：专科毕业及以上教师比例	39.09	62.45
2. 小学		
全区总计	98.19	99.79
其中：专科毕业及以上教师比例	48.08	88.13
城市	99.39	99.98
其中：专科毕业及以上教师比例	71.29	95.17
县镇	99.22	99.78
其中：专科毕业及以上教师比例	58.83	89.62
农村牧区	97.41	99.65
其中：专科毕业及以上教师比例	36.42	80.23
3. 普通初中		
全区总计	92.60	99.11
其中：本科毕业及以上教师比例	28.36	73.04

续表

专任教师分城市、县镇、农村牧区学历合格率	2004 年	2011 年
城市	97.42	99.62
其中：本科毕业及以上教师比例	45.19	80.5
县镇	94.50	99.06
其中：本科毕业及以上教师比例	26.05	70.71
农村牧区	86.15	97.89
其中：本科毕业及以上教师比例	16.64	62.52
4. 普通高中		
全区总计	73.98	95.3
其中：研究生毕业教师比例	0.57	4.64
城市	83.14	96.48
其中：研究生毕业教师比例	0.76	6.37
县镇	64.99	94.17
其中：研究生毕业教师比例	0.38	2.91
农村牧区	56.09	92.88
其中：研究生毕业教师比例	0.20	2.75

资料来源：2004~2005 学年初内蒙古全区教育事业统计简报、2011~2012 年学年初内蒙古全区教育事业统计简报。

从表4-5可以看出，内蒙古农村牧区教师的学历水平有了较大幅度的提高。2011年与2004年相比，农村牧区幼儿园的教师中，专科毕业及以上教师的比例由39.09%提高到62.45%；农村牧区小学的教师中，专科毕业及以上教师的比例由36.42%提高到80.23%；农村牧区初中的教师中，本科毕业及以上教师的比例由16.64%提高到62.52%；农村牧区高中的教师中，研究生毕业教师的比例由0.2%提高到2.75%。由此可以看到，近年来农村牧区各级学校在引进高学历人才提高教育水平方面已取得了良好效果，到2011年内蒙古农村牧区专任教师在幼儿园、小学、初中和高中的学历合格率分别达到了95.36%、99.65%、97.89%和92.88%，与2004年相比分别提高了1.1%、2.24%、11.74%和36.79%。

但需要关注的是，农村牧区学校教师的学历水平相对县镇和城市而言，差距仍然比较大。从表4-5可以看到，2011年，内蒙古城市、县镇和农村牧区幼儿园的教师中专科毕业及以上教师的比例分别为84.56%、76%和62.45%；城市、县镇和农村牧区小学的教师中专科毕业及以上教师的比例分别为95.17%、89.62%和80.23%；城市、县镇和农村牧区初中的教师中本科毕业及以上教师的比例分别为80.5%、70.71%和62.52%；城市、县镇和农村牧区高中的教师中研究生毕业的比例分别为6.37%、2.91%和2.75%。其中城乡教师学历水平差距最大的主要在小学和初中，而小学和初中的教学质量以及学生的学习成绩，在很大程度上决定了学生考入高中继续学习的几率，是学生改变命运的一次重要选择，因此，小学和初中的教育对于学生来说是十分关键的。另外，即使一些农村牧区的学生顺利考上了高中，但由于初中阶段的教学条件或教育质量相对较差，他们学习的基础与城里的学生相比仍存在较大差距，除非他们能付出比别人更多的努力，才有可能在高中阶段赶上城里的学生并在激烈的高考竞争中获得进入大学学习的机会。因此，面对未来各种不确定性，许多农村和牧区的学生在读完初中以后就放弃继续学习，进城打工。

许多初中或高中毕业就进城打工的农村牧区学生，受到教育程度和知识结构的限制，其从事的工作多为简单的体力劳动，晋升空间有限且工资待遇不高，直接影响到他们未来的发展和在社会所处的阶层。从社会发展进步的角度来看，城乡教育发展的差距将直接影响到社会垂直流动体系的通畅程度，并因此导致社会的不公平，不利于社会的和谐发展。

二、牧区医疗保险

在医疗保障方面，中国的基本医疗保障体系由城镇职工基本医疗保险、城镇居民基本医疗保险、新型农村合作医疗和城乡医疗救助共同组成，保障的对象分别是城镇就业人口、城镇非就业人口、农村人口和城乡困难人群。

1. 城乡医疗保险的费用缴纳比较

城镇职工的基本医疗保险费由用人单位和职工按比例共同缴纳，以赤峰为例，城镇职工个人将缴纳工资的2%，全部纳入医疗保险个人账户；所在的工作单位缴纳工资的6%，这部分的30%纳入医疗保险个人账户，剩下的60%纳入大病统筹账户。2010年,赤峰城镇职工每人平均年缴纳医疗保险金1530元,其中个人账户580元,统筹账户950元。

城镇居民基本医疗保险的对象是城镇非就业人口。参保费用由参保居民和政府共同担负,参保居民自己缴纳一部分,政府给予适当的补贴。在校学生及18岁以下非在校居民,筹资标准为每人每年140元。其中个人缴纳40元,各级财政补助100元。享受低保待遇和重症残疾的个人缴费30元,各级财政补助110元。其他居民筹资标准为每人每年210元,个人缴纳80元,各级财政补助130元。

新型农村牧区合作医疗保险主要针对农村牧区人口。参保费用也是由个人缴纳和政府补助构成。以赤峰为例,农牧民每年个人缴费标准为50元,国家、自治区、市和旗县区分别补助每人每年156元、42元、21元和21元,人均筹资标准达到了290元。

由此可以看出,城镇职工基本医疗保险、城镇居民基本医疗保险和新型农村合作医疗保险,三者在缴费上差距比较大。仍以赤峰为例,城镇职工每人平均年缴纳医疗保险金1530元,而城镇非就业人口只能加入城镇居民基本医疗保险,并且人均年统筹医疗保险金仅210元,甚至低于农牧民参加新型农村合作医疗保险所需要缴纳的保险金。再从缴费构成来看,城镇职工基本医疗保险由个人和单位共同缴费,城镇居民基本医疗保险和新型农村合作医疗保险所缴费用则由个人和政府补助构成。城镇职工基本医疗保险,单位缴费的金额是职工个人缴费的3倍;城镇居民基本医疗保险,政府补助金额是居民个人缴费的1.5倍;新型农村合作医疗保险,政府补助金额是农牧民个人缴费的2.8倍。由此可以看出,虽然城镇职工个人缴费较高,但个人缴得多,所能享受到的单位福利也多。而新型农村合作医疗保险,虽然政府补助是农牧民个人缴费的2.8倍,接近城镇职工基本医疗保险单位与个人的缴费比例,但农牧民个人缴费的标准是既定的,缴费比较少,因此获得的政府补助也不多。城镇居民基本医疗保险不仅政府补助与个人缴费比例小,而且个人缴费金额也有既定的标准,总体偏低,所以城镇居民基本医疗保险的人均年统筹医疗保险金仅210元。从这一点可以看到,政府对农村牧区医疗保障的投入在不断加大,并逐步向农村牧区倾斜,但与城镇职工所享受到的福利相比,差距仍旧明显。

2. 城乡医疗保险的报销比较

城镇职工基本医疗保险、城镇居民基本医疗保险和新型农村牧区合作医疗保险，在报销给付上也存在很大差别。

仍以赤峰为例，2011年赤峰城镇职工基本医疗保险封顶线为5万元，住院费用报销比例在80%~90%浮动；城镇居民基本医疗保险基金最高支付限额为6万元，住院发生费用报销比例在60%~85%；新农合住院补偿封顶线8万元，住院报销比例高达70%。其中，在乡镇定点医疗机构住院患者的医药费用补偿比例为70%，无起付线；在县级定点医疗机构住院患者的医药费用补偿比例为55%，起付线为100元。参保患者到县级以上定点医疗机构住院，住院患者医疗费用补偿比例为40%，起付线为300元。具体见表4-6~表4-8。

表4-6　　2011年赤峰城镇职工基本医疗保险统筹报销比例

住院和特殊门诊医疗费有效金额	统筹基金支付比例（%）
起付标注以上至20000元（含20000元）	80
20001元至40000元（含40000元）	85
40001元至50000元（含500000元）	90

表4-7　　2011年赤峰城镇居民基本医疗保险统筹报销比例

住院和特殊门诊医疗费有效金额	统筹基金支付比例（%）			
	三级医疗机构	二级医疗机构	一级医疗机构	社区卫生服务机构
起付标注以上至30000元	60	65	70	75
30001元至60000元	65	70	75	80
60001以上	70	75	80	85

表4-8　　2011年赤峰农村牧区新型合作医疗保险统筹报销比例

	住院和特殊门诊医疗费报销		
医疗机构	乡镇定点医疗机构	县级定点医疗机构	县级以上定点医疗机构
统筹基金支付比例（%）	70	55	40
起付线（元）	0	100	300
封顶线（元）	80000	80000	80000

通过以上比较可以看出，虽然城镇职工所报销的金额封顶只有5万元，

但报销比例高，最高可以达90%，也就是说在5万元以内，个人只需支付10%的医疗费用。城镇居民的报销金额封顶为6万元，报销比例也相对较高，即使在三级医疗机构治疗也能报销70%的住院医疗费用。而对于牧区的牧民来说，虽然报销封顶金额高达8万元，但报销比例较低，在县级定点医疗机构治疗也只能报销55%的住院医疗费用，几乎有一半的医疗费用还得由个人担负。例如，城镇职工、城镇居民和牧区的牧民都在一家二级医疗机构住院治疗，医疗费用都为4万元。按照相应的政策，城镇职工可以报销住院医疗费用的85%，即3.4万元，个人只需承担0.6万元；城镇居民则可以报销医疗费用的70%，即2.8万元，个人需承担1.2万元；一般县级定点医疗机构多为二级医疗机构，牧民在县级定点医疗机构可以报销医疗费用的55%，即2.2万元，个人需承担1.8万元。同时，在医疗保障的范畴以及可报销的药品方面，城镇职工也要远远多于农牧民。由此可以看出，城镇职工基本医疗保险、城镇居民基本医疗保险和新型农村合作医疗保险，在报销给付上的差别仍然很大。

3. 问题的存在

城乡社会医疗保险报销的差距之所以存在，有一个较大的原因在于缴费金额的不同，城镇职工不仅个人缴费高于城镇居民和农牧民，同时，单位予以的补贴缴费也要高于国家的补助。其问题的根源在于，城镇职工和农牧民同样都付出了劳动，但城镇职工有单位为依托，可以从单位获得福利，而农牧民却只能靠政府补助，再加上农牧民人口基数庞大，政府投入分到每个人头上，单个农牧民来自政府的缴费补贴自然也就少了很多。从劳动公平的角度而言，城镇职工和农牧民都是为国家建设和发展贡献自己的力量，但城镇职工有单位为他们提供较多的福利，而农牧民却没有相应的农业部门为其提供相应的福利。因此，政府应该更多地担负起这份责任，可以看到，近年来政府向农村牧区医疗的投入也在逐年增大，相信农牧民的医疗保障水平也将得到不断提高。

三、牧区养老保险

养老保险是社会保障制度的重要组成部分，目的是为劳动者在年老丧失劳动能力后提供稳定可靠的生活来源，以保障其基本的生活需求。目前，我国的基本养老保险体系由职工基本养老保险、城镇居民社会养老保险和新型农村牧区社会养老保险共同构成。

城乡养老保险的差距主要体现在城镇职工养老保险和新型农村牧区社会养老保险上，而城镇居民社会养老保险与新型农村牧区社会养老保险的政策则相差不大，甚至在很多试点地区，如内蒙古赤峰就已经将城镇居民社会养老保险和新型农村牧区社会养老保险统一纳入一个体系，统称新型城乡居民社会养老保险。在这个体系下，城镇居民和农牧民享有完全一样的养老保险政策，这一试点工作的开展，为逐步缩小城乡养老保险差距提供了重要的基础。

1. 城乡基本养老保险费用缴纳比较

内蒙古城镇职工基本养老保险费由用人单位和个人共同缴付，用人单位以上年度职工月平均工资的20%缴纳基本养老保险费；职工个人以本人上年度月平均工资的8%缴纳；个体工商户的基本养老保险费由个体工商户本人全部缴纳。城镇职工和个体工商户的基本养老保险个人账户，均按本人缴费基数的11%建立。

内蒙古新型农村牧区社会养老保险费用主要由个人缴纳，同时地方政府予以补贴。参保牧民可根据不同的缴费标准缴费，其中，年缴费标准包括100元、200元、300元、400元、500元五个档次，牧民可以自主选择档次缴费，多缴多得。政府对参保人员缴费及领取的基础养老金给予补贴，缴费金额为100元的，补贴标准为30元，缴费每提高一个档次，增加补贴5元，最高补贴75元，同时允许个人增加缴费，缴费后按照相应档次享受缴费补贴。个人缴费以及地方政府对参保人的缴费补贴都纳入基本养老保险的个人账户。

2. 城乡基本养老保险待遇的比较

内蒙古城镇职工和个体工商户的基本养老金由基础养老金和个人账户养老金组成。基础养老金月标准为退休时统筹地区上年度职工月平均工资的20%；个人账户养老金月标准为退休时个人账户储存额除以139（按60岁退休，目前我国人口平均寿命为71岁零7个月）。城镇职工达到法定退休年龄，且个人缴费满15年的，退休后可以按月领取包括基础养老金和个人账户养老金在内的养老金。

内蒙古牧民养老金待遇也由基础养老金和个人账户养老金组成，基础养老金为每人每月 60 元（中央财政补贴 55 元，自治区财政补贴 5 元），在此基础上，自治区政府对年满 70~79 岁的另加 10 元，年满 80 岁及以上的另加 20 元。参保人选择 200 元及以上档次并且累计缴费超过 15 年的，每多缴 1 年，基础养老金提高 2 元。个人账户养老金月计发标准为个人账户全部储存额除以 139。参保牧民年满 60 岁，且缴费年限达到 15 年，可按月领取包括基础养老金和个人账户养老金在内的养老金。已年满 60 岁、符合规定条件的牧民不用缴费，可按月领取基础养老金。

以内蒙古自治区为例，假设同样缴纳 15 年养老保险的城镇职工和牧区牧民相比，2010 年内蒙古城镇职工月平均工资为 2958.92 元，按照标准 2011 年城镇退休职工平均每月可得基础养老金 591.78 元，再加上退休时按月发放的个人账户养老金，城镇职工的退休养老金将远远高于 60 岁以上牧民每月所得的 60 元基础养老金。

3. 养老制度的城乡差距仍然较大

从养老保险费用的缴纳以及养老金的发放来看，牧区养老制度的城乡差距仍然较大。牧民在牧场从事了一辈子的畜牧放养工作，年轻时不仅要保证家庭日常生活必需品的供应，同时也担负着孩子教育、家人看病等开支，到了老年还要为生计担忧。虽然目前国家推行的农村牧区社会养老保险工作让年满 60 岁以上的农牧民有了一定额度的养老保障，但相比城镇职工而言，城乡养老制度差距仍然较大，难以满足广大农牧民的养老需求。

第 4 节　牧区城镇化的思路

牧区地广人稀，与农区地少人多的情况不同，其城镇化进程有着自己的特点，不能完全照搬农区的城镇化模式。牧区城镇化工作应有两大考虑：一是牧场的城镇化不一定要求牧区牧民人数的绝对减少，愿意留在牧场的应让他们留下；二是重视牧区的市场化和社会服务化，只要牧区的市场化程度提高了，牧区社会服务化的程度上升了，就是取得了与牧区城镇化率扩大同等的效果。因此，牧区城镇化需要遵循以下思路。

第一，城镇化是人的城镇化，一定要从牧民的根本需求出发，牧民不愿进城，不愿放弃现有的悠闲自在的放牧生活，那就不能强行让牧民"上楼"，强行让牧民改变现有的生活方式，不能为了城镇化而城镇化。

第二，现在的中年和壮年牧民不愿意进城，但他们的孩子不一定愿意继续留在牧区从事放牧工作。牧民普遍重视教育，知道知识对孩子成长的重要性，再加上政府在教育上投入的不断加大，免除学生在义务教育阶段的学杂费，使得绝大多数牧民的孩子都有机会到镇里或县城里上学。成长的环境必然会对牧区的孩子产生影响，在城里牧区的孩子能见到在牧区见不到的高楼大厦，能够享受城市公共服务设施带来的交通、医疗、餐饮、娱乐上的便利和舒适，这些对于牧区的孩子而言同样具有强大的吸引力。通过自身的努力以及所学的知识，牧区的孩子完全有可能在城市或城镇里找到适合自己的工作，并在城里建立自己的家庭，甚至还在未来还可以把牧区年迈的父母接到城里居住。因此，牧区的城镇化应该遵循其自有的发展规律，循序渐进，相信在牧民的下一代中，将成为推动牧区城镇化的重要力量。

第三，牧区城镇化最终要解决的问题就是实现牧区城乡一体化，包括缩小牧区的城乡收入差距，实现公共服务资源在城乡的均衡配置，破除牧区城乡二元体制，推动社会保障的城乡一体化。

第四，缩小牧区的城乡收入差距，重点在增加牧民收入，而牧区市场化程度的提高将在很大程度上提高牧民的收入。增加牧民收入的重点应该放在降低生产、交易成本和完善基础设施建设上，而基础设施的完善最终也是为了降低生产和交易成本。降低生产和交易成本的关键则在于提高牧区的市场化程度（牧民家庭产品的市场化程度、生产资料供应的市场化程度以及生活消费品供应的市场化程度）和增加生产投入（金融信贷支持）。

从理论上讲，城镇化和市场化也是紧密联系在一起的，牧民迁入城镇的过程，实际上也就是牧民参与市场的过程。牧民过去同市场很少有联系，但随着市场化程度的增加，无论是牧民生产出来的初次产品、产品加工，还是所需要的生活资料和生产资料，同市场联系的程度不断加深，这些都意味着牧民同城镇经济的联系不断密切。因此，牧民从自给自足的生活到基本依靠市场、依靠城镇经济，本身也是城镇化的一种体现。而牧民家庭产品的市场化程度、生产资料供应的市场化程度以及生活消费品供应的市场化程度都可以反映牧民参与城镇经济的程度。另外，在过去，牧区的金融机构很少，其业务主要集中在县城或部分城镇上，再加上贷款难、担保难等问题，牧民如需借钱多数都是求助于亲朋好友或依赖于民间信贷，牧区内的牧民很少与牧区金融机构有借贷往来。随着牧区金融的发展以及牧民同牧区金融机构之间的借贷业务的增长，使得牧区参与城镇经济的程度不断加深。因此，牧区金融的发展以及牧民参与信贷的程度也是反映牧民参与城镇经济程度的重要指标。

第五，推动社会保障的城乡一体化，实现公共服务资源在城乡的均衡配置。一定要把牧民生活纳入社会服务体系，而不能再像过去那样使牧民生活游离于社会服务体系之外。

牧区地广人稀，且多处于边远地区，远离城镇中心，再加上财力有限和人才匮乏，要实现教育保障、医疗保障、养老保障对牧区的覆盖，推进城乡社会保障一体化确实不易。但不能因为难而不去做，各项工作可以逐步推进，如大力发展各种社会服务设施的建设，普及学龄儿童和青少年的入学率，在牧区增设寄宿制学校和扩大寄宿制学校规模，提高高中毕业生和职业技术学校毕业生在同龄青年中的比例，普及医疗保健服务，加大政府对牧民医疗保险、养老保险的投入力度，逐步缩小医疗保险制度和养老保险制度在城乡之间的差距等措施，最终实现牧区社会保障服务的城乡一体化。

第 5 章

牧区市场化程度研究

第 1 节 牧区商品的市场化研究

牧民迁入城镇的过程，实际上也就是牧民参与市场的过程，牧民从自给自足的生活到基本依靠市场，依靠城镇经济，本身也是城镇化的一种体现。牧民家庭产品的市场化程度、生产资料供应的市场化程度以及生活消费品供应的市场化程度都可以反映牧民参与城镇经济的程度。本章将以内蒙古赤峰为例，探讨牧区的市场化程度。

一、牧民家庭产品的市场化程度

从表 5-1 可以看出，菜羊和肉牛作为牧民家庭生产的主要产品，其商品化率在不断提高，到 2009 年菜羊及羊肉的商品化率由 2005 年的 66.92% 提高到 94.15%，肉牛及牛肉的商品化率也由 2005 年的 73.82% 提高到了 94.95%，牧民生产出来的产品与市场的联系，以及牧区与城镇的联系日益紧密，已经由自给自足的自然经济过渡到了充分依靠市场交易的城镇经济时代，这在很大程度上也是城镇化水平提升的一种体现。除部分牧民家庭规模化牧养奶牛之外，绝大多数牧民家庭奶牛的存栏率不高，奶牛的牧养也主要是以满足家庭自身消费需要为主,但随着公司加牧户奶类供应模式的推广,许多牧民家庭奶牛牧养数量增多,奶类制品的生产也越来越多地参与到市场活动当中,从表5-1的统计结果可以看到,牧民家庭奶类食品的商品化率也在不断提高。

表5-1　　2005~2009年赤峰牧民家庭人均畜牧产品商品化率

年份	菜羊及羊肉(公斤) 产量	菜羊及羊肉(公斤) 出售	商品化率(%)	肉牛及牛肉(公斤) 产量	肉牛及牛肉(公斤) 出售	商品化率(%)	奶类(公斤) 产量	奶类(公斤) 出售	商品化率(%)
2005	50.91	34.07	66.92	84.62	62.47	73.82	58.17	17.57	30.20
2006	45.72	41	89.68	98.92	88.28	89.24	49.57	13.87	27.98
2007	60.26	56.24	93.33	116.33	110.88	95.32	29.34	9.46	32.24
2008	69.67	65.26	93.67	87.49	83.86	95.85	29.6	9.86	33.31
2009	116.48	109.67	94.15	109.08	103.57	94.95	26.4	9.98	37.80

资料来源:《赤峰统计年鉴》(2006~2010)。

但需要注意的是,产品的商品化程度高并不意味着其市场化程度也高,市场化程度除了考虑产品中参与市场交易的数量所占比重的大小以外,还要考虑商品的市场交易成本问题。

牧区小城镇规模普遍较小,基础设施落后,产业化和市场化水平也偏低,除了旗县所在地的城关镇具备规模化的商品交易市场外,其他小城镇的商品交易市场都是零星分散且缺乏活力。由于缺少完善的产品流通服务渠道,再加上牧区县域辽阔,如牧民将自家数量有限的畜牧产品运到城关镇进行销售,价格虽然可能更接近市场水平,但扣除高额的运输成本,其实际收益并不乐观。因此,目前牧区家庭畜牧产品的出售仍以中间商上门收购为主,据赤峰牧民家庭问卷调查显示,除奶类产品有专门的奶站直接进行收购以外,86%的牧民家庭畜牧肉类产品出售都是靠中间商上门收购。在这种信息不对称的条件下,畜牧出售品的价格往往低于真实的市场价格,市场的差价被中间商赚取,从而在一定程度上增加了产品的交易成本,减少了牧民的收入。

要降低牧民畜牧产品的交易成本,我们有必要对中间商的利润空间进行分析,中间商为什么能挣到钱呢?其利润空间主要源于两点:一是规模成本，中间商会定期选择到不同的村进行上门收购，每次收购范围一般为 3~4 个村。由于中间商常年进行定点收购，他们对这些地方牧户的畜牧数量及大小情况都比较熟悉，再加上多年来与牧民建立起的合作信任关系，其交易一般都比较顺利，收购数量也相对较大。当牲畜的收购数量达到 10 头以上，其规模效应就突显出来，运输到城关镇的交通成本分摊到每头牲畜上，单位牲畜的运输成本就相对较低。既然中间商有利可图，那他们之间是否存在竞争？竞争是否能压缩中间商的利润，从而使得牧民产品销售收益提高？多处调研得到的答复都比较一致，中间商为了维护自身利益，在他们之间也相互达成协议，基本上划分了各自的收购区间。新的中间商如想进入这一市场，可能会面临更多的不确定的成本。因此，在这种联盟下，市场竞争减弱，中间商的收购价格被维护，基本处于被垄断状态。

二是便捷高效的信息渠道。中间商是市场中的活跃者，他们整天穿梭于各大市场之间，拥有多个可靠的信息渠道，总是能够在瞬息万变的市场中第一时间了解到价格的变动，并迅速抓住市场机遇，利用信息优势获取价格差。相对而言，牧民缺乏有效的信息渠道，即便是网络，也因牧区基础设施落后，覆盖面小，使用电脑上网的家庭也不多。在我们调研的 100 户牧民家庭中，安装网线可以上网的只有 8 家。再加上牧区地域广阔，牧民居住点离中心市场距离较远，难以快捷地了解最新的市场价格。在这种情况下，牧民获得市场的信息较为滞后，市场信息也掌握不充分。牧民与中间商之间的信息不对称，使得中间商总是能在交易中以较低的价格从牧民手中收购到畜牧产品，并在市场上获得更多的收益。

从表 5-1 还可以看到，牧民家庭奶类产品的商品化率虽然也在逐年提高，但总体来看，商品化率仍然较低。2009 年，赤峰牧民家庭人均奶类产品的商品化率仅为 37.80%。出于游牧民族的生活饮食习惯，牧民每天都喝酥油茶，喝牛奶、吃奶酪，所以普通家庭生产的奶类品大部分都用于家庭食用，只有少部分旗县的牧民家庭进行奶品的规模生产，对外销售。为什么绝大多数牧民家庭不进行规模生产呢？在调研中，牧民普遍反映，由于绝大多数牧民家庭的奶类消费基本都能做到自给自足，因此,奶类产品一般都是运到城镇销售或做再加工处理。而奶类产品的保质时间一般较短,一旦不能尽快售出或做技术处理,就很容易变质。由于牧区缺乏快捷便利的销售渠道,牧民的奶制品很难及时地被运往市场或工厂进行冷藏,出于对市场风险的考虑,绝大多数牧民家就只养几头奶牛,能保证家庭食用即可。其实,奶制产品的市场还是比较广阔的。2013年,伊利和蒙牛在全国各地的乳品生产加工企业已经超过120家,占到全国整个乳品加工企业的1/5,液态奶占有份额超过一半,奶粉产量近20万吨,占据市场的1/6。而伊利、蒙牛等大型奶品加工企业的奶源地有很大一部分都在内蒙古。既然对奶源的需求量如此之大,而且这些大型奶品加工企业在内蒙古也已建立起较为成熟的"牧企对接"模式,直接在牧区设置奶站,向牧民家庭收购奶源,那为什么赤峰奶类产品商品化程度还那么低呢?直接采购的模式不仅解决了牧民家庭奶类产品的销售渠道问题,而且在一定程度上也消除了牧民对市场风险的担忧,那究竟还有什么更深层次的原因,是牧民不愿养奶牛吗?从赤峰奶品加工企业的调研发现,这些奶品加工企业都十分重视奶源的质量,考虑到牧区的奶牛一般都是天然牧养,因此,奶源的好坏与草原的质量直接挂钩,而赤峰市除了克什克腾旗等旗县草原质量比较好以外,其他旗县草原的生态环境都相对较差,这些奶品加工企业也就不愿在那些地方设置奶站。因此,可以看出,牧区"牧企对接"的模式没有问题,关键是奶源的好坏问题,归根到底是草原的生态质量问题。在接下来对牧民的问卷调研中发现,绝大多数的牧民表示希望奶品加工企业在其所在村庄设置奶站或者直接上门收购,他们认为奶制品的成本收益率相对较高,如果有便捷的销售渠道,他们愿意增加奶牛的牧养数量。同时,他们也意识到草原质量对其奶制品销售所带来的影响,但苦于短时间内草原的生态环境无法改变,而且如果要从长远角度出发,改善草原生态环境,他们必须要牺牲现有的收益,减少当前肉牛或菜羊的牧养数量。面临着短期收益和长期效用的选择时,未来收益的不确定性以及当前收益的可见性,往往使得牧民更多地倾向于短期收益的选择,这将在未来很长时间内影响到牧民在奶制品销售这一块的收益。

二、牧民家庭生产资料供应的市场化程度

1. 饲草料供应的市场化程度

为了保护草原生态，促进牧区草原的可持续发展，赤峰大部分草场都实施了全年禁牧和季节性休牧的政策。在赤峰，草场一般从4月开始返青，天然草场也进入季节性休牧期，严禁放牧利用。季节性休牧草场休牧期一般到6月末才能结束，而到9月下旬，牧草已经开始逐渐枯黄，牛羊真正在草场吃上青草的时间不到3个月。在这种情况下，家畜的牧养时间缩短，而舍饲时间相对增长。从每年的10月到次年的6月，绝大多数的家畜都采用舍饲和半舍饲的形式，需要有大量饲草料贮备。刚开始，青贮饲料和农作物秸秆较多，饲草料供应基本能满足家畜生长的需要。但到后面几个月，饲草料供应严重短缺。近年来，赤峰地区春旱严重，牧草产量减少，饲草料生产和贮备受到很大影响，草畜供求更为紧张。在调查的100户牧民家庭中，除家庭承包草场面积大的几家以外，绝大多数的牧民家庭都需购买一定的饲草料，以保证家畜的正常需求。

牧民饲草料的购买渠道主要有以下几个：一是向承包大户购买。有些牧民外出打工或进城后，便将家中的草场转租给其他牧民，赤峰的承包大户基本上都有五六千亩的草场，每年所打的草料除了满足自用以外，也将部分用于出售。但由于出售的草料数量有限，销售范围基本都在所在的村庄，购买的客户也以同村的牧民为主。二是饲草料基地。在广大牧区，天然草牧场受自然条件的影响，产草量严重不稳定。饲草料基地的建设不仅可以有效提高单位面积草原的产草量，同时也可以通过种植青贮饲料作物缓解草畜供求矛盾，解决草料不足的问题。青贮饲料有着优质高产、易于储存、适口性好、容易消化吸收、营养价值高等优点，因此，青贮饲料作物生产在当前牧区草产业中占据着举足轻重的地位。目前赤峰全市已建设节水灌溉人工草地13.7万亩，涉及25个乡镇，73个村，建配套草库伦2.13万处，共计61万亩。2009年全年打贮草18亿公斤，生产商品草10多万吨，种植青贮饲料作物100万亩以上，生产青贮饲料56亿公斤。这些饲草料基地建设一般都以政府投资为主，采取对外承包的形式，要求承包

企业或个人每年以较低的价格向当地牧户供应一定产量的饲草料，从而保证牧民对饲草料的需求。三是饲料经销商。随着人民生活水平的不断提高，社会对畜产品需求旺盛，加之牧民的致富愿望，都要求牲畜数量的持续增长。然而，由于过去过度强调草原的经济生产，忽视草原的保护建设，大量牧民超载放牧，使得草原退化、沙化等现象十分严重，草原的生态环境日益恶化。这不仅损害了草原畜牧业发展的根基，同时也制约了牧区经济社会的可持续发展。因此，从草原生态环境保护的角度出发，政府采取了退牧还草、禁牧休牧、划区轮牧等措施，进一步加强草原生态的保护与建设。这些措施的出台使草原的生态得到改善，但同时在短时间内也限制了牧民草料产量的提高。在社会需求旺盛与饲草料供给严重不足的矛盾下，不少牧民通过购买饲料缓解这一矛盾。从调研的结果来看，绝大多数牧民家庭都会购买一定量的饲料作为家畜冬季舍养草料的一种补充。目前，赤峰5个纯牧业旗中各乡镇都有饲料经销商，甚至在很多村都设有销售点，牧民可以通过电话订购，从饲料经销商处得到上门送货服务。另外，基层供销社、农资配送中心以及农资连锁店也成为牧业生产资料市场流通的重要渠道。2009年，赤峰已发展了11个区域性农资配送中心，供销社系统农资连锁店已经增加到258家，供应范围已基本辐射到全市每个乡镇。通过这些渠道，牧民也能方便地购买到所需的生产资料。

2. 仔畜供应的市场化程度

仔畜作为牧业重要的生产资料，关系到牧民的生产增收，也关系到畜牧业持续、健康和稳定发展。就目前来看，随着牧区生产条件的改善和兽医技术水平的提高，仔畜繁殖成活率有了很大提升。2009年6月末的统计数据显示，赤峰牛犊的繁殖成活率已达到98.4%，成活牛犊共计587275头；羊羔的繁殖存活率达到了97.6%，成活羊羔5549964只。同期，全市共出售牛犊125743头，羊羔1142351只。

从问卷调查的微观数据也可以看到，2010年，接受问卷调查的100户牧民家庭，共产牛犊98头，羊羔2190只。其中83户牧民对外进行仔畜出售，共出售牛犊62头，羊羔1507只。因此，可以看出，对于绝大多数牧民而言，仔畜的供应还是相对比较充裕的。但调研也发现，不少牧民也对外购买仔畜，其用途主要集中在品种改良。

随着人民生活水平的不断提高，人们对畜禽及其产品的需求已不仅仅是数量上的满足，而是更加重视畜禽及其产品的质量。要提高畜禽及其产品的质量，就必须通过品种改良来解决。良种是现代畜牧业的基础，是发挥科技增产作用的载体，也是增强畜牧业竞争力的重要保障。截至 2010 年 6 月，赤峰完成大小畜改良配种 82.2 万头（只），其中牛冷配 22.8 万头，肉羊改良配种 51.6 万只。牧民可以通过家畜改良站、专业合作社等渠道购买到良种，并进行配对繁殖。目前，赤峰牛品种改良率达 97.2%，羊品种改良率 98.2%，从整体上提升了家畜的产品质量，为牧民增产增收提供了重要保障。

三、牧民家庭生活消费品市场化程度

从表 5-2 可以看到，在牧民购买的生活消费品中，食品类消费占总体生活消费品支出的 40% 以上，从恩格尔系数这一角度来看，在收入水平较低时，食品消费在消费支出中必然占有重要地位。随着收入的增加，在食物需求基本满足的情况下，消费的重心才会开始向穿、用等其他方面转移。因此，可以看出，牧民的生活水平还有待进一步提高。但从牧民的食品消费生活习惯变化来看，在过去，绝大多数牧民过的都是自给自足的生活，喝牛奶、吃牛羊肉，现在食品的消费结构发生了变化，基本形成以谷物为主食，牛羊肉为辅的食品消费结构。这种结构的变化可以说是牧民生活习惯的变化，但归根结底也是市场条件发生变化的原因。过去，牧区以畜牧产品为主，农业的谷物产品较少，再加上交通不便利，市场不完善，牧民很难买到谷物产品并作为日常生活的主食。现在不同了，牧区的商品市场日益完善，牧民可以很便利地在临近的城镇市场上，以合理的市场价格买到足够多的谷物以及其他的一些日常食品（见表 5-3）。因此，从牧民食品消费结构的变化也反映出牧区商品市场的不断完善，生活消费品的市场化程度也在不断提高。在牧民生活消费品中，除了食品类消费品所占比例较大以外，2009 年赤峰市牧民人均在衣着类，交通、通信工具和用品，消费医疗卫生、保健用品上的消费也分别占到了 15.04%、12.91% 和 12.05%。

表5-2　2005~2009年赤峰牧民人均购买各类生活消费品
支出占所有生活消费品支出的比重　　　　　　　　单位:%

年份	食品类	衣着类	居住类	家庭设备和日用品	交通、通信工具和用品	文化、教育、体育、娱乐用品	医疗卫生、保健用品	其他杂项商品
2005	42.34	13.33	10.41	5.56	14.09	3.94	9.46	0.88
2006	41.07	13.44	7.91	7.33	15.71	3.51	9.86	1.19
2007	43.34	13.22	12.78	6.02	11.94	3.53	7.93	1.24
2008	46.77	14.72	7.93	5.09	12.40	2.41	9.48	1.19
2009	44.19	15.04	5.47	5.17	12.91	4.03	12.05	1.15

资料来源:《赤峰统计年鉴》(2006~2010)。

表5-3　　2009年赤峰牧民人均购买食品类生活消费品情况　　单位:元

谷类	食用油	蔬菜	肉禽蛋奶	烟酒	茶叶饮料	其他种类食品
453.88	27.24	83.34	127.34	132.89	32	127

资料来源:《赤峰统计年鉴2010》。

现在,绝大多数牧民日常着装都跟汉族差不多,只有在传统节日或喜庆假日时才会穿上传统的民族服饰,而且随着牧民生活水平的不断提升,近年来,牧民对衣着类的消费需求也在不断增加。根据调查问卷结果显示,牧民所在的乡镇上都会有多家服装类商铺,而且其服装商品的供应基本都能满足牧民的日常需求,牧民不用到县城就能买到适合的服装。但也有部分牧民表示,乡镇服装市场所售的服装价格虽然普遍低廉,比较符合当地牧民的购买需求,但质量好、价格高的品牌服装在乡镇市场上仍然比较难见。所以,现在在一些收入较高的牧民家庭中,许多追求时尚和名牌的年轻人往往都会选择到县城的大商场去购买自己喜欢的服装。由此可以看出,随着牧民生活条件的改善,牧区现有的服装市场已经不能满足部分牧民的个性化需求,中高端服装市场在牧区也迎来了新的机遇。

牧区地域广阔的地理条件,决定了交通、通信工具在牧区生产和生活中的重要作用。

由于每家牧民的草场面积都比较大，至少都是上百或上千亩，因此，即使在过去交通工具匮乏的年代，牧民也需要骑着马对所牧养的牛羊进行监护。现在条件改善了，用摩托车看护更加方便，而且摩托车只需要定期加油保养即可，不用像过去一样，每天都要精心饲养担任着放牧重任的马匹。另外，在价格上，相对于七八千元一匹马的价格，摩托车显得更加便宜，再加上国家"家电下乡"惠农项目的实施，牧民只需要凭户口本就能在乡镇上买到全国统一优惠价格的摩托车。根据在赤峰牧区的调查问卷显示，抽样调研的100户牧民家庭中，除了2家生活确实比较贫困无力购买以外，剩下的几乎每家都拥有一部或两部以上摩托车。现在绝大多数牧民都是集中居住，因此，住处与草场距离较远。放牧时，牧民多是骑上摩托车，将牛羊从家赶到所承包的草场进行牧养。同时，有了摩托车，牧民到乡镇办事、购物、接送小孩上下学都十分方便。摩托车在牧区的普及，不仅方便了牧民的生产生活，也缩短了牧区与城镇的距离。在调研中还发现，一些收入较高的牧民家庭还在"家电下乡"活动中购置了拖拉机和小汽车，过去因交通工具匮乏而导致出行困难的问题在牧区得到了解决。因此，可以看到，便捷的商品供应渠道以及国家财政对牧民交通工具消费的大力补贴，在很大程度上提高了牧区交通运输商品的市场化程度，完善了牧区的生活消费品市场，为牧民的生产和生活带来了更多的便利。

交通工具的普及不仅缩短了牧区与城镇的距离，同时也让牧民之间的往来更加方便。但牧区地域面积太大，信息的及时沟通离不开通信工具的使用。在赤峰牧区进行问卷调查的100户牧民家庭中，拥有固定电话的家庭仅59户。难道是固定电话太贵，一般牧民消费不起吗？还是电话通信对于牧民来说用处有限呢？这一疑问在接下来对牧民拥有移动电话数量这一项调查中得到了解答。100户接受问卷调查的牧民家庭共拥有手机156部，其中，多数家庭甚至拥有2部以上的手机。相对于固定电话而言，手机携带更为方便，而且随着手机信号稳定性的不断增强，信号在牧区的覆盖面不断扩大，牧民可以及时与外界取得联系，即使在草场放牧也能随时和家里及外界保持信息的及时传递，大大方便了牧民的生产和生活。同时，由于牧区的移动通信费用较低，每月的固定收费仅5元，远远低于固定电话的收费。因此，许多牧民家庭就将手机当作家庭的固定电话在使用。随着国家"家电下乡"活动的推广，补贴后的手机费用相对比较便宜，而且在绝大多数手机经营店都能直接购买到国家指定的特惠补贴手机。再加上移动和联通公司为促销而开展的"充话费送手机"活动，牧民只需预存足够多的话费就能在移动或联通指定的手机经营店拿到免费手机，而基本上每个乡镇都有1~2家手机经营店。各类购机优惠活动以及便捷的销售渠道，使得越来越多的牧民购买了手机。便捷的通信工具在牧区的普及，不仅有利于牧民之间的沟通和交流，也使得深处牧区，远离城镇的牧民能够及时地与外界保持联系，获得信息。

四、结论和政策建议

通过分析可以看出，赤峰牧区商品的市场化程度较高，广大牧民已经从过去基本上自给自足逐渐转变为基本依靠市场，实现了生活和生产方式的转变，享受到市场经济体制所带来的更多好处，进一步提高了牧民的生活水平和生产积极性，有利于缩小城乡差距，促进牧区又快又好发展。同时也要看到在牧区的商品流通过程中还存在着诸如流通渠道不畅、商品信息不对称、优质消费品匮乏等问题。针对这些问题，本书提出以下建议：

第一，大力发展现代物流服务业，优先整合及利用现有物流资源，加强物流基础设施的建设和衔接，完善生产资料流通体系，尽快在牧区建立起专业化、信息化的现代物流服务体系，提高牧区商品的物流效率，降低物流成本。

第二，应进一步加快牧区市场的培育和开发，加强牧区畜产品批发交易市场和商业零售网点建设，积极实施"万村千乡"市场工程，完善农村牧区连锁商业服务网络。

第三，加强面向牧区的农畜产品运输、仓储、贸易、信息与技术推广，因地制宜地发展集贸市场和各类综合、专业市场，全面提升牧区商品的市场化程度，让更多生活在边远牧区的牧民不进城也能享受到城镇化所带来的好处。

第四，建立并完善网上交易信息平台，定期收集汇总周边畜牧市场相关产品的基准价格，以便牧民及时掌握商品市场价格变动的相关信息，解决牧民市场信息不对称的问题。同时，考虑到部分牧民家庭未能开通电脑网络，不便登录网上信息平台进行查询，因此，建议政府相关部门提供电话咨询服务，以方便牧民及时了解网上商品交易信息。另外，作为畜牧商品供给方的牧民，也可以通过畜牧产品网上交易平台，提供相关产品的供给信息，以方便商家了解并联系购买。

第五，积极引导畜牧生产加工企业与牧民建立合作关系，由公司提供饲养标准和技术指导，牧民则按照公司具体要求对牲畜进行饲养，定期由公司派人对饲养情况进行监督，等牲畜出栏时由公司统一收购。这样对于牧民而言，减少了中间交易环节，降低了交易成本。对于公司而言，"牧民+公司"的模式，既便于公司扩大生产规模，稳定商品供给，同时标准化的生产也保证了产品质量，使得产品在市场交易中能获得更高的收益。

第2节 牧区金融信贷研究

牧区金融的发展和牧民同牧区金融机构之间借贷业务的增长，也是反映牧民市场化程度、参与城镇经济程度的一个有用的参考指标。

一、牧区金融信贷现状

2011年年末，赤峰全市银行业金融机构各项存款余额1037亿元，较年初增加157.58亿元，增长17.92%。驻赤峰的银行业金融机构贷款余额565.15亿元，新增贷款99.22亿元，增长21.3%，外埠银行业金融机构贷款余额107.28，小额贷款公司贷款余额25.32亿元，全市各项贷款总额697.75亿元。驻赤银行业金融机构累计发放各项贷款426.61亿元，较上年多投放75.88亿元，增长21.63%，外埠银行业金融机构累计发放贷款28.72亿元，小额贷款公司累计发放39.03亿元，全市累计发放贷款总额

494.36亿元。全市22家保险公司实现保费收入24.44亿元，承担各类风险总额18238.8亿元，缴纳税金7417.78万元，各类累计赔款和给付支出达7.19亿元，同比增长9.3%。赤峰县乡以下金融机构网点达到了476个，较2009年增加了116个，增长了32%。随着金融机构网点的增加，农牧区金融服务供给能力和服务水平有了较大提升。[①]

截至2011年年末，赤峰共有3家村镇银行——克旗农银村镇银行、宁城包商村镇银行、敖汉旗村镇银行——已开始营业，由内蒙古银行作为发起银行出资设立的喀旗村镇银行也即将挂牌开业。小额贷款发展也十分迅速，赤峰已有58家小额贷款公司、2家分支机构开业运营，注册资本达25.22亿元，覆盖全市12个旗县区，累计发放贷款72.54亿元，其中本年累计发放39.03亿元，贷款余额达25.32亿元。另外，全市10家融资性担保机构累计在各银行实施担保41.40亿元，其中2011年新增担保额16.20亿元，在保担保额18.64亿元。

赤峰的金融生态环境也在不断改善，作为内蒙古农村信用体系建设试点地区，赤峰在喀喇沁旗试点开发了"小额农户电子信用信息档案系统"，基本实现了农户信用信息在县域金融机构间的共享。同时，进一步发挥中小企业信用促进会作用，通过建立会员企业信用登记、信用征集、信用评价和信用发布体系，推动全市的信用体系建设。组建了农牧民信用促进会，加大相关金融知识的培训和信用意识的培育力度，全面提高农牧民信用意识，改善农村牧区信用环境。

为了进一步了解牧民家庭的信贷情况，我们在克什克腾旗和翁牛特旗的部分牧区10个嘎查村进行了问卷调查，共向120户牧民家庭发放了问卷，收回120份，其中有效问卷118份。在调查中有信贷的家庭共56户，这56户牧民家庭完成了家庭信贷的途径、家庭借贷的用途、对银行（信用社）的评价部分的调查问卷，回收56份，且全部有效（见表5-4）。

[①] 赤峰市人民政府金融工作办公室2011年度工作总结。

表 5-4　赤峰市牧区家庭信贷情况调查问卷

调查项目	子项目	选项	选择人数（户）	比例（%）
家庭借贷的情况	家庭借贷需求	有	81	68.64
		没有	37	31.36
	如有借贷需求，贷款需求金额是多少	大于2万元	30	37.04
		1万~2万元	27	33.33
		5000~10000元	14	17.28
		5000元以下	10	12.35
家庭借贷的情况	希望获得借贷的期限	半年内	16	19.75
		半年至1年	33	40.74
		1~3年	21	25.93
		3~5年	8	9.88
		5年以上	3	3.70
	借贷现象	有	56	47.46
		无	72	61.02
家庭借贷的途径	主要贷款渠道	民间借贷	22	39.29
		银行借贷	34	60.71
	民间借贷	朋友借贷	7	31.82
		小额信贷公司借贷	12	54.55
		公益性借贷	3	13.64
	银行（信用社）借贷	互助性担保贷款	29	85.29
		信用贷款	5	14.71
家庭借贷的用途	借贷的主要用途	用于生产	46	82.14
		用于消费	10	17.86
	生产性借贷项目	畜牧养殖	34	60.71
		农牧机具购买	8	14.29
		饲料购买	4	7.14
	消费性借贷项目	盖房	3	5.36
		子女读书	1	1.79
		看病	4	7.14
		大件消费品购买	2	3.57
		婚丧嫁娶	0	0.00

续表

调查项目	子项目	选项	选择人数（户）	比例（%）
对银行（信用社）的评价	银行（信用社）的服务	很满意	13	23.21
		满意	20	35.71
		基本满意	17	30.36
		不满意	6	10.71
	从银行（信用社）贷款	比较困难	10	17.86
		困难	28	50.00
		容易	13	23.21
		比较容易	5	8.93
	银行（信用社）的贷款手续	很麻烦	8	14.29
		比较麻烦	29	51.79
		不麻烦	19	33.93
	最希望解决的问题	降低贷款利率	11	19.64
		解决贷款难的问题	31	55.36
		提高贷款额度	9	16.07
		加强透明化	4	7.14
		抵押贷款的试点推行	1	1.79

1. 牧民家庭信贷情况

从调研结果可以看出，118户牧民家庭中，81户有借贷需求，占调查总数的68.64%。其中，贷款期望值大于2万元的有30户，在有借贷需求的家庭中占37.04%；贷款期望值在1万~2万元的有27户，在有借贷需求的家庭中占33.33%；贷款期望值在5000~10000元的有14户，在有借贷需求的家庭中占17.28%；贷款期望值在5000元以下的有10户，在有借贷需求的家庭中占12.35%。借贷期限希望在6个月内的有16户，占有借贷需求家庭的19.75%；借贷期限希望在6~12个月的有33户，占有借贷需求家庭的40.74%；借贷期限希望在1~3年的有21户，占有借贷需求家庭的25.93%；借贷期限希望在3~5年的有8户，占有借贷需求家庭的9.88%；借贷期限希望在5年以上的有3户，占有借贷需求家庭的3.7%。在这118户牧民家庭中，有借贷现象的有56户，所占比例为

39.29%，无借贷现象的有72户，所占比例为61.02%。

通过以上数据可以看到，牧民家庭的借贷需求量较大，118户中有借贷需求的牧民家庭就有81户，然而真正有借贷现象的却只有56户，即还有25户有借贷需求的家庭实际上没有借贷到资金，占总调查人数的21.18%，牧区家庭的信贷缺口仍然较大。从牧民家庭借贷需求金额来看，主要集中在1万~2万元和2万元以上，分别占37.04%和33.33%，如果分别按照平均3万元和1.5万元的期望借贷金额来测算，这57户牧民家庭的期望借贷金额就高达130.5万元。因此可以看出，牧民家庭的借贷规模较大，需要的资金较多。从借贷所期望的期限来看，牧民家庭多数选择在6~12个月和1~3年，说明牧民家庭的借贷多数会用于中长期的项目，且资金回收周期也较长。

2. 牧民家庭借贷的途径

从表5-4可以看到，牧民家庭的借贷途径主要分为两类，即民间借贷和银行贷款。在调查有借贷现象的56户牧民家庭中，有22户通过民间借贷获得资金，另外34户则是通过银行获取资金，两类借贷途径所占比例分别为39.29%和60.71%。民间借贷的途径又可细分为朋友借贷、小额信贷公司借贷以及公益性借贷3种，22户通过民间信贷获得资金的牧民家庭中，有7户是通过朋友借贷，12户通过小额信贷公司借贷，另外3户则通过公益性项目借贷。银行（信用社）借贷包括两种借贷形式：互助性担保借贷和信用借贷。互助性借贷主要指由农牧民自愿参与，并通过组建信用互助协会向银行贷款；信用借贷指根据客户在银行的信用记录向银行贷款。在34户通过银行信贷获得资金的牧民家庭中，有29户选择的是互助性担保借贷，占85.29%，有5户选择的是信用借贷，占银行借贷总数的14.71%。

由此可以看出，牧民家庭借贷的渠道较多，除了能向银行（信用社）进行借贷外，还可以通过小额信贷公司、朋友获取资金。总体来看，银行（信用社）以及小额信贷公司已经成为牧民家庭获得借贷资金的主要选择。

3. 牧民家庭借贷的用途

从表5-4可以看出，牧民家庭借贷的资金主要用于生产和消费两大类。其中，在有借贷现象的56户牧民家庭中，46户将借贷的资金主要用于生产投入，10 户牧民家庭则将借贷的资金主要用于生活消费，这两类借贷用途的选择分别占借贷家庭总数的 85.29% 和 14.71%。生产型信贷又可以细分为畜牧养殖借贷、农牧机具购买借贷和饲料购买借贷三大类。从调查的结果可以看到，选择生产型借贷的 46 户牧民家庭中，34 户的借贷资金主要用于畜牧养殖，8 户的信贷资金主要用于农牧机具购买，4 户的信贷资金主要用于饲料购买，这三类生产型借贷资金的使用途径分别占 60.71%、14.29% 和 7.14%。消费型借贷主要将借贷的资金用于盖房、子女读书、看病、大件消费品购买以及家庭的婚丧嫁娶五大类。调查数据显示，将借贷的资金主要用于生活消费的 10 户牧民家庭中，3 户用于盖房、1 户用于子女读书、4 户用于看病、2 户用于大件消费品购买。

通过调研可以看到，牧民家庭的借贷需求主要来源于生产投入的需要，其中，畜牧养殖是牧民家庭借贷资金的主要用途。畜牧养殖作为牧民家庭主要的生产方式和重要的生活来源，牧民们都希望能通过扩大养殖规模改善生活水平，然而畜牧养殖需要的资金投入较大，因此，能否通过借贷获得生产投入资金是牧民家庭比较关注的问题。另外，因生活所需而资金缺口较大，不得不将借贷的资金用于消费，也是许多牧民家庭所面临的问题，特别是盖房和看病，这在牧区也比较普遍。草场家庭承包制推行以来，传统的游牧生产方式逐渐消失，牧民放牧的区域被限定，生活方式也由游牧变为定居。除了部分牧民会在夏天到牧场搭建帐篷外，其他时候多数都居住在修建的住房里，因此，盖房也成为牧民家庭生活支出的一个重要部分。最后，虽然近年来新型农村牧区合作医疗保险在牧区基本实现了全覆盖，在一定程度上减少了牧民的医疗支出，但大病致贫和大病返贫现象依然存在。一旦牧民得了大病，即使部分医疗开支可以从新农合报销，但仍有较多费用需要自己担负，在这种情况下许多牧民只能通过借贷来解决医疗的开支问题。

4. 对银行（信用社）的评价

为了了解牧民对银行（信用社）的服务、信贷的难易程度、贷款手续的繁简的评价，以及牧民所关心的与银行（信用社）有关的问题，我们对之前有信贷的 56 户牧民家庭进行了问卷调查。调查结果显示：对银行（信用社）的服务很满意的有 13 户，满意的有 20 户，基本满意的有 17

户，不满意的有 6 户，分别占 23.21%、35.71%、30.36% 和 10.71%。认为在银行（信用社）贷款比较困难的有 10 户，认为困难的有 28 户，认为容易的有 13 户，认为比较容易的有 5 户，分别占到调查总数的 17.85%、50%、23.21% 和 8.93%。认为银行（信用社）贷款手续很麻烦的有 8 户，认为比较麻烦的有 29 户，认为不麻烦的有 19 户，分别占到调查总数的 14.29%、51.79% 和 33.93%。从调查中显示，在牧民最希望解决的问题中，有 11 户希望降低贷款利率，有 31 户希望解决贷款难的问题，有 9 户希望提高贷款额度，有 4 户希望加强贷款的透明化程度，有 1 户希望推行抵押贷款试点，分别占到调查总数的 19.64%、55.36%、16.07%、7.14% 和 1.79%。

因此，可以看到，绝大多数牧民家庭对银行（信用社）的服务还是满意的，但是绝大多数牧民家庭还是认为从银行（信用社）贷款比较难，手续也比较复杂。牧民在银行（信用社）信贷方面最迫切希望解决的问题是如何解决贷款难这一难题，其次是认为贷款利率较高，希望能从有利于"三农"建设出发，在利率方面向农牧民倾斜，降低贷款利率。另外，由于畜牧养殖属于资本密集型产业，因此，许多牧民也希望在信贷方面能获得更多的信贷资金。也有牧民对当前信贷的透明度提出了质疑，认为从银行（信用社）贷款存在额外的交易成本，希望增加贷款的透明程度。最后，抵押贷款需求的提出也反映了牧民对信贷制度创新的期待。

二、牧区主要的信贷模式

面对牧区金融信贷的现状以及存在问题，本书将从赤峰的实际出发，分别对农牧民信用互助协会、赤峰市昭乌达妇女可持续发展协会，以及以鑫隆小额信贷公司为代表的小额信贷公司这三种主要的信贷模式进行研究，希望能为牧区金融信贷未来的发展提供经验借鉴，并从中探寻到适合牧区金融信贷发展的实施路径和政策选择。

（一）农牧民信用互助协会

中国人民银行从 2007 年开始在赤峰市 12 个旗县区开展了组建农牧民

信用互助协会的试点工作。

农牧民信用互助协会是农牧民自愿参加的民间金融互助组织，旨在通过农牧民间的信用互助，将分散的信用进行整合，从而降低贷款风险，获取贷款，破解农村牧区因信用缺失导致贷款困难的问题，实现多方共赢的合作模式。

赤峰市农牧民信用互助协会做得比较早，比较成功的是翁牛特旗。2007年，在翁牛特旗政府、人行翁牛特旗支行、翁牛特旗农村信用合作联社的指导下，翁牛特旗在全市率先启动并实施了农牧民信用互助协会的试点工作。

农牧民信用互助协会通过建立"信用协会+互助基金+风险补偿基金+农业保险+银行信贷"五位一体的农村金融新模式，有效破解了制约翁牛特旗农村牧区经济发展的资金"瓶颈"问题和信用缺失问题，对促进全旗农村牧区经济发展，改善农村牧区金融服务，搭建有效的"三农"融资平台，带动农牧产业化调整、农牧民增收，以及改善农村牧区信用环境起到了重要的推动作用。截至2011年年末，全旗农牧民信用互助协会共计27个，入会会员647人，交纳互助基金700万元，政府拨付风险补偿金140万元，贷款余额达到5256万元，历年累计发放贷款26353万元。其中：养殖业信用互助协会17个，入会会员369人，交纳互助基金546万元，贷款余额达到4251万元，历年累计发放贷款25843万元；种植业信用互助协会10个，入会会员278人，交纳互助基金154万元，贷款余额达到1005万元，历年累计发放贷款510万元。通过农牧民信用互助协会，农牧民不必为借不到贷款而犯愁，信用社也不用过分担心放出的贷款收不回来，为农村牧区的经济发展开辟了一条信贷绿色通道。

以下将具体介绍翁牛特旗农牧民信用互助协会的组建模式和运行模式。

1. 组建模式

农牧民信用互助协会是由农牧民自愿组成的，在旗县民政部门登记注册的社团法人组织。是在诚信的基础上，把分散的农村、牧区个体信用整合起来的行业自律性组织。信用互助协会以行政村为单位组建，每个行政村只能建一个信用互助协会，每个协会会员一般应不少于30人。信用互助协会实行每三年一届，每半年吸收一次新会员。加入农牧民信用互助协会的会员必须交纳一定数额的信用互助基金，作为防范农村信用社贷款风险的基本保障。入会交纳的信用互助基金金额应不低于500元，最高额为20000元，以500元的倍数交纳，同时要求入会成员具有良好资信并具备一定清偿贷款本息的能力。同时，为保证农牧民信用互助协会的正常运转，增强农牧民信用互助协会抵御风险的能力。旗政府按互助基金总额的10%拨出专项资金，作为农牧民信用互助协会会员贷款风险补偿基金，统一存入联社营业部专用账户。

为了有效地控制风险，农牧民信用互助协会的审批需要通过以下流程。首先，由拟组建农牧民信用互助协会所在的行政村为发起人，向当地信用社提出申请，同时由发起人所在地乡镇政府向当地信用社出具同意组建信用协会证明。当地信用社接到申请，将派信用社贷前调查人员进行入户调查并填写《信用协会会员基本情况调查表》。审核通过后，再由当地的信用社向联社出具同意组建信用协会证明，联社根据审核结果向人民银行翁牛特旗支行出具同意组建农牧民信用互助协会证明。人行翁旗支行再向旗民政部门出具同意组建农牧民信用互助协会的相关文件，并由民政部门核发《社会团体及法人登记证书》。最后由信用社与信用互助协会签订合作协议，提供相关的贷款服务。

2. 运行模式

信用互助协会贷款的对象为信用互助协会会员，农村信用社对信用互助协会贷款实行"三优惠、一优先、一简化"的政策。"三优惠"指贷款额度优惠、期限优惠、利率优惠。信用互助协会会员贷款最高授信额度可为会员交纳的信用互助金的20倍，如贷款额度超出最高授信额度的可以向联社信贷管理部进行申报，经联社贷审批后予以发放。同时，农村信用社对协会会员贷款实行信用社同档次贷款执行利率下浮20%的优惠政策。贷款期限则根据会员所从事的生产经营项目，合理确定贷款期限，但最长不得超过三年。"一优先"指的是会员借款优先。"一简化"为简化贷款手续。信用社在接收借款人全部资料起10个工作日内须审查完毕，并做出是否同意发放贷款的决定。如果审批通过并发放贷款，须按季向协会提供会员借款及偿还情况资料。

针对农牧民信用互助协会贷款的贷后管理工作，信用社须每季度进行一次贷后检查。如果农牧民信用互助协会贷款逾期，超过一个月仍有未清收部分，信用社则有权在协会信用互助基金中进行扣收。协会中如有 5 户以上会员贷款逾期，且在规定时间内不能偿还的，信用社有权停办该协会全体会员的贷款业务，并有权从该协会的信用互助基金中进行扣收。

3. 创新：担保机制的建立

随着农牧民信用互助协会试点工作的继续推进，在赤峰市政府的大力支持下，翁牛特旗继续探索出了"信用协会＋互助基金＋风险补偿基金＋农业保险＋银行信贷"五位一体的农牧民信用互助协会金融新模式。

之前农牧民信用互助协会贷款主要以协会的信用互助基金以及政府的风险补偿基金作为贷款风险基金，向信用合作联社申请农牧资金贷款。农牧业担保公司的出现进一步完善了农牧民信用互助协会贷款这一模式。在赤峰市金融办的引导下，由 13 个区县财政各筹资 500 万元组建了赤峰市鸿德农牧业担保公司，成为赤峰市首家农牧业担保公司。担保公司的参与使得农牧民信用互助协会贷款的运行模式得到了优化。农牧民信用互助协会不再直接向当地信用合作联社申请贷款，而是由农牧民信用互助协会将会员缴纳的信用互助基金一次性存入鸿德农牧业担保公司的指定账户，作为信用互助协会为其会员担保贷款的保证金。然后由信用互助协会向鸿德农牧业担保公司提出贷款的担保申请，再由鸿德农牧业担保公司向农信社及合作银行签订贷款协议，为农牧民信用互助协会申请贷款。信用互助协会向鸿德农牧业担保公司统一交纳担保费。合作银行按季向鸿德农牧业担保公司、协会提供会员借款及利息偿还情况资料。农牧民信用互助协会贷款如果逾期，形成风险，农牧业担保公司有权在协会信用互助基金中扣收。这一担保机制的形成有效放大了农牧民的授信额度，降低了农信社和相关合作银行的经营风险。据统计，鸿德农牧业担保公司 2011 年全年共为 152 户农牧户融资担保 2328 万元，到 2011 年年末已累计为 409 户农牧户融资担保 4361 万元。①

农牧业担保公司使得当地的金融机构更愿意参与到农牧民信用互助协

---

① 赤峰市人民政府金融工作办公室 2011 年度工作总结。

会的贷款合作中来。由于过去许多农牧民贷款金额小且相对比较分散,风险成本难以控制,即使此类项目服务范围较大,商业银行一般也不愿涉足。农牧民信用互助协会的出现有效解决了农村牧区普遍存在的信用缺失这一问题,同时也使贷款项目变得相对集中,因此,许多商业银行也希望能参与进来。农牧业担保公司的出现进一步降低了银行向农牧民信用互助协会贷款的风险,更多的商业银行也积极地参与到和农牧民信用互助协会的合作中来。赤峰市银行业各金融机构涉农信贷投放力度加大,据统计,2011 年,全市银行业金融机构农牧业累计放贷款 206.2 亿元,占全市累放贷款总额的 48.33%,比上年同期增长了 4.41 个百分点;涉农、涉牧贷款余额为 201.58 亿元,比上年同期增长了 24.46%,高出全市信贷增速 3.16 个百分点。①

对银行来说,有了牧民信用互助协会的信用互助基金、政府的风险补偿基金作为贷款风险基金,加上农牧业担保公司的担保,银行的贷款风险大大降低,农牧民的贷款问题得到解决,农牧民实现增收、创收也有了资金支持。但不容忽视的是,农牧民的生产所面临的风险仍然存在。规模较大的种植业和养殖业受季节气候以及疫病的影响较大,一旦出现气候变化以及瘟情疫病,不仅农牧民的生产受到破坏,对农村牧区金融机构的信贷安全也会造成威胁。因此,为进一步增强农牧民信用互助协会抵御风险的能力,赤峰市政府积极协调保险公司与农牧民信用互助协会合作,鼓励保险公司开办针对农牧民信用互助协会会员的险种,降低了农牧民在种植业和养殖业中面临的自然风险和疫病风险。这样一来,还进一步提高了农业信用社与合作银行向农牧民提供信贷的积极性。2011 年全年,农牧民信用互助协会的合作保险公司——赤峰市人民财险、中华财险两家保险公司涉农、涉牧保费收缴达 1.87 亿元。农牧保险机构的参与有效降低了农牧民的生产风险,为农牧民信用互助协会机制的稳定运行提供了重要的保障。

通过农牧民信用互助协会、地方政府、农信社与合作银行、农牧担保公司、农业保险机构等多家主体合作,构筑了五位一体的农牧业金融信贷体系,这五个方面环环相扣,相辅相成,形成了一个完整的农牧业信贷风

---

① 赤峰市人民政府金融工作办公室 2011 年度工作总结。

第5章
牧区市场化程度研究

险防范机制，很好地解决了农牧民贷款难的问题。

（二）赤峰市昭乌达妇女可持续发展协会

赤峰市昭乌达妇女可持续发展协会是我国较为成功的一家公益性小额信贷机构，多年来，国内外许多从事小额信贷扶贫的机构、政府部门及一些商业性小额信贷机构都派人来参观学习。其运作模式及实施经验对农村牧区的小额贷款有着很好的借鉴意义。

1997年，赤峰市妇联争取到了由联合国开发计划署（UNDP）援助，中国国际技术经济交流中心具体负责执行的"内蒙古扶贫与妇女参与发展项目"，该项目资金主要用于女性自我意识的觉醒、生态农业建设以及小额信贷扶贫三个方面。其中，配给小额信贷的资金为40万美元，项目实施的两年中，共发放贷款451万元，还款率为100%。2001年，赤峰市妇联和中国国际经济技术交流中心共同发起成立了"赤峰市昭乌达妇女可持续发展协会"，该协会由赤峰市妇联主管，专门运作和管理小额信贷工作。由于协会组织的小额信贷运行效果良好，在很大程度上提升了农牧民的造血功能，起到了扶贫助产的作用，赤峰市昭乌达妇女可持续发展协会又先后获得了日本政府资助小额信贷扶贫项目、孟加拉乡村信托基金资助小额信贷项目、全国妇联资助小额信贷项目、美国扶贫济困基金会资助小额信贷项目、李连杰壹基金资助小额信贷保险项目、中德合作（KFW）小额信贷发展项目、美国我开公司资助小额信贷项目和全球基金会资助妇女小额信贷等项目。到2011年年底，赤峰市昭乌达妇女可持续发展协会信贷资金规模已达到1727万元（见表5-5）。

表5-5　　赤峰市昭乌达妇女可持续发展协会信贷资金规模情况

资助项目名称	时间	金额（万元）
联合国开发计划署内蒙古扶贫与妇女参与发展项目 联合国开发计划署可持续的小额信贷扶贫项目	1999	330
日本政府小额信贷扶贫项目	2002	130
孟加拉乡村信托基金小额信贷项目	2003	69
全国妇联小额信贷项目	2006	10
美国格莱民基金会项目	2007	300

续表

资助项目名称	时间	金额（万元）
协会内部融资项目	2007	16
美国我开公司小额信贷项目	2008	137
全国妇联小额信贷项目	2008	59
美国扶贫济困基金会小额信贷项目	2009	22
李连杰壹基金小额信贷保险项目	2010	50
全球基金会妇女小额信贷项目	2011	95
中德合作小额信贷发展项目	2011	216
前期贷款项目积累		293
合计		1727

1. 运行模式

截至2011年年底，赤峰市昭乌达妇女可持续发展协会的小额信贷业务累计覆盖了8个乡镇，120个村，年末客户数从2002年的3268户增加至4574户，期末贷款余额从2000年的137.8万元，增长到2011年的1431万元。赤峰市昭乌达妇女可持续发展协会贷款产品的贷款对象为赤峰市妇女，贷款项目根据区域可以划分为农村牧区妇女贷款项目和城镇妇女贷款项目。农村牧区妇女贷款项目主要以联保担保为主，联保贷款客户5人组成一个联保小组（直系亲属不能同组），10人组成一个联保中心。联保中心的组建主要为了定期召开中心会议，商讨下次还款的具体时间、贷款客户之间的信息交流，以及协会放贷工作人员提供技术服务指导和收缴到期还款等。目前赤峰昭乌达妇女可持续发展协会的贷款服务对象主要还是以农村牧区妇女为主。截至2011年年底，全市联保小组达751个，中心385个，其中农村牧区客户3316个，贷款余额784.73万元，城镇客户435个，贷款余额123.75万元。

赤峰市昭乌达妇女可持续发展协会的小额信贷业务有着严格的贷款审批程序，整个贷款审批流程从申请到贷款发放一般需要一周左右的时间。首先由客户向协会提出贷款申请，收到申请后由协会负责贷款的工作人员对申请客户进行入户调查，并完成入户调查表。根据具体的调查情况，协会负责贷款的工作人员会将筛选过的客户名单和相关资料递交协会进行审批。最后，由协会审查通过后，向申请客户发放贷款。在贷款的审核流程中，最重要的一个环节是入户调查，入户调查内容的真实性决定着信贷风险的大小。因此，对贷款申请客户家庭的入户调查要求十分严格。调查的内容除了姓名、性别、年龄、户主或与户主关系、文化程度等基本信息，还要重点调查贷款申请客户的家庭财产及家庭生产经营情况，包括土地、草场、住房、禽畜、农牧生产工具、家电、存借款、家庭资产净值、年人均纯收入以及粮食种植和禽畜养殖情况。其中，是否有具体的创收项目以及稳定的家庭收支是协会决定贷款与否的关键指标。

  贷款方式主要分为常规贷款和整还贷款两大类。其中，常规贷款根据贷款额度又可细分为两类，即常规贷款Ⅰ和常规贷款Ⅱ。常规贷款Ⅰ首轮的贷款额度为2000元，两次以上的最高可以贷到3000元；常规贷款Ⅱ首轮的贷款额度为3000元，两次以上的最高可以贷到5000元。常规贷款Ⅰ和常规贷款Ⅱ的贷款周期都为一年，年名义利率统一为8%，贷款对象只针对农村牧区有劳动能力和民事行为能力且初次贷款在55岁以下的妇女，上一年家庭人均收入不超过当地农村牧区的平均家庭人均收入，还要求户主（或丈夫）支持并同意贷款，同时有一定的创收项目。整还贷款则根据贷款的周期也细分为两类，即整借整还贷款Ⅰ和整借整还贷款Ⅱ，整借整还贷款Ⅰ的贷款周期为12个星期，整借整还贷款Ⅱ的贷款周期为20个星期。两种贷款的额度最高都为2000元，整借整还贷款Ⅰ的年名义利率为16.3%，即每借1000元到期后应还利息38元；整借整还贷款Ⅱ的年名义利率为16.2%，即每借1000元到期后应还利息63元。整还贷款模式的贷款对象要求为使用常规贷款5个月以上的现有常规贷款客户。

  按照还款周期划分，贷款形式可以分为分期还款和整借整还两种。分期还款模式按照本息等额，分次进行还款，每四个星期还款一次，贷款一年到期，还清所有贷款。整借整还模式则是到期一次性还清本息，整借整还贷款模式Ⅰ的贷款周期为12个星期，到期一次性还清本息；整借整还贷款模式Ⅱ的贷款周期为20个星期，到期一次性还清本息。

  根据不同的还款模式，贷款客户需要在定期召开的中心会议上按照所签订的还款时间将还款交给赤峰市昭乌达妇女可持续发展协会的贷款负责人。每位贷款负责人负责对应的联保中心的贷款还款项目。收到还款后，各联保中心的贷款负责人则需将收缴的现金在还款当天存入指定的银行账户，如当天未能存入银行则必须在第二天存入。

2. 信贷风险管理

为了控制信贷风险，赤峰市昭乌达妇女可持续发展协会制定了相关的制度规定，其中比较值得借鉴的有以下五点：

（1）实地抽查。接到小额信贷贷款申请后，由协会负责贷款的工作人员对申请客户进行入户调查，其调查报告由协会贷款审核人员进行审核，同时必须将对其调查报告进行实地抽查，一旦发现调查报告存在虚假信息，则按要求对负责贷款的工作人员做出处罚。实地抽查的目的是从监管层面上对负责贷款的工作人员形成一个制约机制，强化贷款负责人员认真踏实的工作意识，降低贷款风险。同时，如因调查报告存在虚假信息，而审核人员未能及时发现从而导致贷款出现问题时，贷款的审核人员也将承担相应的连带责任。这样一来，贷款审核人员就会增加实地抽查次数，最大限度地降低风险，审核人员抽查次数的增多必然会反过来促使贷款负责人员在入户调查中更加认真细致。实地抽查制度有利于在协会负责贷款人员和负责审核人员之间形成一个相互的制约机制，从源头上降低贷款风险。

（2）联保中心会议制度。贷款客户须由5人组成一个联保小组（直系亲属不能同组），10人组成一个联保中心，并定期召开中心会议，会议则由协会负责贷款人员主持。中心会议的定期召开，有利于协会贷款负责人员及时地从贷款客户以及联保小组的其他成员处直接或间接了解到贷款客户近期的生产生活情况，通过信息的收集加强了对贷款风险的控制。另外，中心会议的定期召开也有利于贷款负责人员与贷款客户形成建立良好的沟通，通过沟通增强相互信任和合作友谊，在一定程度上有利于贷款的收缴。

（3）贷收分离。贷款由协会负责贷款的工作人员和贷款审核人员共同发放，收贷则由负责贷款的工作人员定期收缴。这样可以防止整个运作过程由一个人独自完成，增加了贷款透明度，减少了工作人员的寻租空间。

（4）内外审结合原则。协会在配合做好外部审计的同时，每年做好两次内部审计，把风险控制在萌芽状态。

（5）贷款规则公开透明，贷款流程简单易行，办理贷款无须求人，不存在人情交际费等额外的交易成本，而且在放贷的形式上还采取送贷上门的方式，从这些中低收入的弱势群体的实际困难出发，解决他们的贷款需要。

根据赤峰市昭乌达妇女可持续发展协会的调查统计，贷款客户中有96%的家庭经济收入有了不同程度的增加，平均每户增收1435元，人均增收367元；在贷款客户中，有68%的贫困人口收入已超过了当地的贫困线，农牧民的生活水平得到不同程度的改善。

3. 存在问题

首先，随着贷款客户生产经营规模的不断扩大，赤峰市昭乌达妇女可持续发展协会现有的贷款额度已经不能满足他们的需求，但出于风险控制和扶贫为主的理念要求，协会并未相应地提高贷款额度。其次，担保贷款需要找担保人，而现在很多人都不愿意给别人担保，怕担风险，所以找担保人比较困难也是当前所面临的一个问题。最后，协会一直以来只接受担保贷款，尚未尝试抵押贷款这种模式，在制度创新方面相对比较保守，突破较小。

（三）小额信贷公司

鑫隆小额信贷公司是赤峰市翁牛特旗第一家小额信贷公司，建立于2009年。该公司以服务"三农"、中小企业、个体工商户为宗旨，不断创新贷款方式，为当地农牧民融资开辟了新的渠道。截至2011年年末，鑫隆小额信贷公司累计发放贷款3.1亿元，支持县域农牧民、个体工商户、中小企业共3975户，户均贷款7.8万元。实现经营收入2959.84万元，上缴税费450万元，实现利润1622.86万元。2010年被评为"2010年度内蒙古自治区优秀小额贷款公司"，2011年荣获"2011中国小额贷款公司竞争力前100家"的殊荣。[①] 下面将从制度创新上对鑫隆小额信贷公司的运行模式进行介绍和分析，以利于经验的吸收和借鉴。

---

① 《坚定小贷行业发展方向　全力支持县域经济发展》，载于《内蒙古日报》2012年5月9日。

1. 走村访户，上门推动信用调查

在市场开拓方面，鑫隆小额信贷公司采取主动上门、调查访问的模式，组建专门的信贷小组，深入农村牧区，走村访户，了解信贷需求，对有信贷需求的家庭进行入户调查，对有固定收入的个人只需提供身份证件、户口本、婚姻状况证明，以及个人收入证明或资产状况证明即可为其发放信用和保证贷款。

2. 因地制宜，选聘本地贷款联络员

由于牧区畜牧养殖规模较大，牧民贷款需求相对较高。但受民族语言的限制，贷款小组的工作人员在与牧民的语言沟通上还存在着一定困难，难以全面地了解牧民的生产经营和家庭收支情况。因此，鑫隆小额信贷公司特地在牧区不同的区域范围内选聘一些在当地威望较高、具有一定文化程度且人品道德良好的人作为贷款联络员，负责对有贷款需求的农牧民家庭的基本情况以及还贷能力进行了解和登记，推荐一些信用较好的客户给公司，协助公司办理贷款发放和回收工作，保证了贷款发放与回收的顺利进行。

3. 利随本清，随时还贷

为了进一步方便农牧民群众，降低其借贷成本，鑫隆小额信贷公司实行利随本清的还款方式。贷款客户可以在贷款到期之前的任何一天缴还贷款，而且还款金额不限，还多少本金算多少利息。

4. 集体联保，建立贷款保证金制度

养殖合作社需要的资金较多，贷款需求量大，尽管小额信贷公司希望获得此类贷款项目，但同时也担心此类贷款的风险。经过一段时间的摸索，鑫隆小额信贷公司建立起贷款保证金制度，采取合作社集体联保的方式，并由参加联保的单户出资，作为贷款风险保证金交由公司代管。缴纳贷款风险保证金的金额为集体联保申请贷款金额的20%，保证金按公司同期贷款利率向贷户返还利息，贷款收回时与保证金一并归还贷户。若出现贷款逾期不还，公司有权将贷款保证金先于扣除。贷款保证金制度的建立不仅解决了养殖合作社的资金需求问题，同时也有效降低了该公司的贷款风险。

5. 扶持产业发展，开创"公司＋基地"的新型信贷模式

翁牛特旗作为赤峰市的产牛大县，肉牛养殖一直是翁牛特旗的主导产业之一，鑫隆小额信贷公司充分利用产业发展优势，创建了"公司＋基地"即规模养殖、集中贷款、封闭管理、全程监控的信贷新模式。首先，由公司投入建设育肥牛示范小区，建成后吸引肉牛养殖专业户入驻，实现规模化养殖，同时在授信额度内依照进驻养殖小区的育肥牛头数按比例为养殖户提供贷款支持。养殖小区内实行封闭式管理，统一喂养技术、饲料配方、饲草储备以及防疫疗程，公司派人驻区跟踪监管购牛、养牛、售牛全过程。牛出栏时公司首先将贷款资金扣除，实现了"牛进来贷款到位，牛出售贷款收回"，在保证养牛所需资金专款专用的同时，确保信贷资金安全收回。同时，公司与周边相邻地区肉类加工企业签订了长期收购合作协议，建立起稳定的肉牛销售渠道，为养殖户解除了后顾之忧。

这种模式是在农牧民信用互助协会信贷出现危机后探索出的新路子。当时，部分农牧民信用互助协会利用养牛贷款参与非法集资和高息放贷，导致信用受损，贷款被停，部分养牛信用协会相继解散，全旗育肥牛产业损失严重。在这种背景下，鑫隆小额信贷公司主动与主导产业对接，以扶持育肥牛产业为突破口，创新贷款经营模式，建立起"示范基地＋标准管理＋信贷＋销售回款"的新型贷款模式。在提供示范基地和协助实施标准管理的基础上，养殖专业户入驻通过审核后即可获得公司集中贷款，肉牛育肥并从基地售出后，养殖专业户将贷款缴还。对于养殖专业户来说，他们十分乐意，因为有信贷公司提供养殖场地、技术指导，以及标准的流水线管理和扩大生产的贷款资金，肉牛的销路也有稳定的渠道，对于养殖专业户而言，这无疑是实现增产增收的好途径。而对于鑫隆小额信贷公司来说，虽然前期的基础设施建设投入以及中期的管理投入较大，但通过场地出租、管理服务等项目能够实现部分资金的回流。同时，再加上由于肉牛养殖业贷款需求量大，一旦形成规模，公司的信贷收益也会高于成本投入。到2011年，鑫隆小额贷款公司扶持建成的4个育肥牛示范小区，已进驻100头规模以上养殖专业户20户，年出栏育肥牛8000多头，实现年产值8000万元以上。该公司计划在三年内通过这种模式，带动发展1000头以上规模养牛小区15个，年出栏育肥牛20000多头，投入信贷资金15000万元，全力推动育肥牛产业不断发展壮大。

这一模式的成功需要具备四个条件：产业具有一定的发展优势、产品市场前景良好、有稳定的销售渠道且该产业规模化发展贷款需求量大。

三、结论与建议

广大牧民发家致富的愿望是强烈的，家家户户都希望能够增加收入，提高生活质量。增加收入的办法有很多种，一是创业，寻求新的收入来源；二是扩大再生产，增加畜牧养殖规模；三是提高产品质量，通过引进新品种，提升产品价值。然而每一个路径的实施都需要有较大的资金投入，创业需要创业资本，扩大再生产需要资金购买新设备、购买更多的饲料和畜仔，提高产品质量也需要相应的资金引进新品种和新技术，作为从自给自足的生产方式向商品市场化转型阶段的这一代牧民，由于缺少原始的资金积累，要实现收入的增长，离不开金融服务的支持。

牧民目前可以获得的金融服务主要包括银行贷款、牧民信用互助协会、担保贷款以及公益性贷款四大类。农牧民从银行贷款难的问题在全国比较普遍，最主要的原因是农牧民没有可抵押的财产。首先，牧民的草场面积虽然很大，但牧民对草场没有产权，银行不接受草场抵押贷款；其次，有些牧民在定居后也拥有了自己的宅基地，并在宅基地上建了房屋，但这些宅基地的产权也不属于牧民个人，也无法作为抵押物到银行进行抵押贷款。因此，牧民想从银行贷款很难，除非能找到符合一定条件的担保人予以担保，经过严格审查之后才能获得贷款。然而牧民们的生活圈子十分有限，其人际关系主要都是本村的牧民，他们同样存在难以获得银行贷款这一问题，更不用说给别人担保获得银行贷款了。在这种情况下，银行也积极创新贷款产品，开通了如信用贷款、信用联保贷款等业务，但新的问题也随之出现：牧民的信用如何评估、谁去评估？银行的网点一般只设在县一级，要评估牧民的信用及还款能力，不仅评估成本大，同时还会因信息不对称而导致贷款风险的存在，再加上绝大多数牧民的贷款数额较小，利润低，很多银行特别是一些大银行都不情愿放贷给牧民。在这种情况下，牧民在当地信用社、人民银行、民政等部门审核批准后自发组织建立了信用互助协会，由具有良好资信并具备一定清偿贷款本息能力的牧民交纳一定数额的信用互助基金后，便可成为信用互助协会会员。互助协会将信用互助金存入银行作为贷款风险补偿基金，协会会员在信贷需求时可向银行申请贷款，最高授信额度可为会员交纳信用互助金的20倍。信用互助协会在组织运行当中也出现了一些问题，如部分牧民信用互助协会利用贷款参与非法集资和高息放贷，导致信用受损，贷款被停。由于对贷款的使用无法进行严格的追踪监管，使得少数牧民为了一己私利不惜违反贷款规定，导致整个信用互助协会信誉受损，甚至一些牧民因投机亏损从而无法偿还银行贷款，在这种以信用担保获取贷款的模式下，银行为避免更多的损失，只能停止贷款，而整个信用互助社的牧民会员的信誉也受到影响，以后就难以再获得银行贷款了。小额信贷公司的出现和发展在很大程度上解决了这一问题。首先，由小额信贷公司出面向银行担保贷款，即使牧民无法还贷，银行仍旧可以向小额信贷公司追还，因此银行愿意放贷。其次，小额信贷公司基本上都选聘当地有威望且道德品质良好的牧民作为公司的贷款联络员，这些人了解当地其他牧民的信誉情况及还贷能力，可以减少信息不对称所造成的贷款损失。再其次，由于小额信贷公司的业务相对比较单一，因此在信用调查方面与银行相比会做得更加专业化，很多小额信贷公司专门组建信贷调查小组，走村访户对有信贷要求的家庭进行入户调查，确保贷款项目的优良率。最后，即使发现贷款牧户有违规行为，以后信誉被低评，拒绝继续贷款，但也不影响同村其他牧民的贷款申请业务。需要注意的是，针对小额信贷公司，政府一方面要鼓励，一方面也要对其进行严格的审查，防止因小额信贷公司的经济实力差，运营不规范而引起的市场混乱。对于公益性贷款，主要以扶贫为主，信贷额度不高，所以不良贷款率低，但也正是因为信贷额度不高，所以难以满足绝大多数牧民的信贷要求，特别是希望能进一步扩大生产规模实现高收入牧民的信贷需求。

可以看出，牧区的小额信贷公司在解决牧民的资金信贷问题中发挥着重要作用，在实际操作过程中成为连接银行与贷款牧民的桥梁，不仅解决了银行的贷款顾虑，同时也满足了牧民的贷款需求，最为关键的是其贷款服务的专业性使得其贷款业务的风险能够得到较好的控制，在很大程度上避免了银行与牧民直接发生借贷关系时可能出现的问题。因此，有必要进一步鼓励小额信贷公司在牧区的发展，政府可以在税收和补贴方面予以相应的政策支持，但也正如前面提及的，小额信贷公司在资金实力、运营管理方面一旦出现问题，将会引起金融市场的混乱。所以，从监管上，政府金融部门一定要对小额信贷公司的成立申请进行严格审核，特别是在注册资金以及贷款保证金的缴纳方面必须按要求严格执行。同时，在运营方面，政府金融机构要定期对小额信贷公司的财务状况、经营规范进行抽查，确保及时发现问题，避免影响扩散。

第 6 章

牧区社会服务化程度分析

社会服务化的程度也是牧区城镇化的重要指标之一,主要包括牧区教育、卫生、医疗保险、社会养老保险等社会公共服务体系的完善程度。牧区的城镇化需要一个过程,在牧民还不愿进城这一阶段,城镇化的一个重点就是要把牧民生活纳入社会的服务体系,让其享受到与城镇居民一样的社会保障和公共服务,而不能再像过去那样使牧民的生活游离于社会服务体系之外。

第1节 牧区教育问题

在这个知识改变命运的时代,教育对牧民孩子的未来发展有着极其重要的作用。通过教育获得知识,才能在激烈的竞争中争取得工作的机会,而现在牧区教育存在的最大问题是教育资源城乡分布不均衡,城镇的人均教育投入经费高于牧区,城镇的学校建设好于牧区学校,城镇学校的师资也要优于牧区。由于牧区学校环境差,教育质量低,牧区的孩子能升到高中甚至大学的不多,从而导致牧区的孩子在未来就业方面存在一定劣势。牧区的孩子将是牧区未来城镇化的主体,教育对他们的思想观念、未来就业,以及对牧区的城镇化而言都有着举足轻重的影响。因此,加大对牧区教育的投入，促进城乡教育资源的均衡布局，是牧区未来城镇化的一项重要工作。

一、牧民教育程度问卷调查

我们对赤峰市巴林左旗的三个嘎查村的 120 户牧区家庭发放了问卷，共获取了 392 位牧民的一些基本情况，包括他们的年龄组成以及文化教育程度。根据这 392 位牧民的居住情况大体可以分为两类：一类是长期在牧区生活的牧区住户人员，这部分人数较多，共有 305 名，基本依靠牧区的畜牧生产为生；另一类是牧区的外出务工人员，他们绝大多数时间都在外打工，一般只在牧忙时节抽空回来帮忙。

1. 牧区住户人员

从牧区住户人员的年龄构成来看，大多都以 36 岁以上的中老年人为主，这一比重占到了所调查总数的 68.2%，16～35 岁的年轻人仅占 31.8%。而绝大多数外出务工的牧民以年轻人为主，主要集中在 21～30 岁，占到所有外出务工人员的 68%（见表 6-1）。

表 6-1　　　　　　　牧区住户人员的年龄构成抽样调查

年龄（岁）	人数（人）	百分比（%）
16～20	11	3.61
21～25	24	7.87
26～30	29	9.51
31～35	33	10.82
36～40	44	14.43
41～45	53	17.38
46～50	51	16.72
50 岁以上	60	19.67

通过调查我们发现，牧区住户人员的文化教育程度普遍较低。调查的 305 位牧区住户人员中，不识字或识字很少的就有 44 人，占到调查总人数的 14.43%；小学文化程度的最多，共有 103 人，占调查总人数的 33.77%；

第6章
牧区社会服务化程度分析

初中文化程度的有98人，占调查总人数的32.13%。而高中文化程度的牧区住户人员共有57人，中专文化程度的为2人，大专及以上的为1人。从这里我们可以看到牧区住户人员的文化教育程度主要以初中及初中文化以下为主，这一比例高达80.33%，具体见表6-2。

表6-2　　　　　　牧区住户人员的文化教育程度抽样调查

文化程度	人数（人）	百分比（%）
不识字或识字很少	44	14.43
小学程度	103	33.77
初中程度	98	32.13
高中程度	57	18.69
中专	2	0.66
大专及以上	1	0.33

为了进一步了解牧民的受教育程度，我们对所调查的不同年龄段牧区住户人员的文化教育程度进行了统计。统计发现，16~20岁的11位牧区住户人员中，小学文化程度的1人，初中和高中文化程度的分别为5人；21~25岁的24位牧区住户人员中，小学文化程度的1人，初中文化程度的8人，高中文化程度的14人，中专文化程度的1人；26~30岁的29位牧区住户人员中，小学文化程度的3人，初中文化程度的16人，高中文化程度的10人；31~35岁的33位牧区住户人员中，小学文化程度的5人，初中和高中文化程度的分别为13人，中专文化程度的1人，大专及以上文化程度的1人；36~40岁的44位牧区住户人员中，小学文化程度的16人，初中文化程度的20人，高中文化程度的8人；41~45岁的53位牧区住户人员中，不识字或识字很少的1人，小学文化程度的25人，初中文化程度的23人，高中文化程度的4人；46~50岁的51位牧区住户人员中，不识字或识字很少的7人，小学文化程度的31人，初中文化程度的11人，高中文化程度的2人；50岁以上所调查的60位牧区住户人员中，不识字或识字很少的36人，小学文化程度的21人，初中文化程度的2人，高中文化程度的1人（见表6-3）。

表 6-3   不同年龄段牧区住户人员的文化教育程度抽样调查统计

年龄段	人数(人)	不识字或识字很少	小学程度	初中程度	高中程度	中专	大专及以上
16~20 岁	11	0	1	5	5	0	0
21~25 岁	24	0	1	8	14	1	0
26~30 岁	29	0	3	16	10	0	0
31~35 岁	33	0	5	13	13	1	1
36~40 岁	44	0	16	20	8	0	0
41~45 岁	53	1	25	23	4	0	0
46~50 岁	51	7	31	11	2	0	0
50 岁以上	60	36	21	2	1	0	0

通过以上的分析可以看到，不同年龄段牧区住户人员的文化教育程度抽样调查统计基本呈现一个规律：36 岁以上的牧区住户人员中，文化教育程度主要以小学和初中为主，而且岁数越大，低文化程度所占的比重越大，在 50 岁以上的牧区住户人员中还有一半以上的人不识字或识字很少；35 岁以下的牧区住户人员中，文化教育程度主要以初中和高中为主，年龄越小，高文化程度所占的比重也就越大。因此，可以看出，在牧区住户人员中，虽然牧民受教育程度普遍偏低，但随着社会的进步和发展，牧民的文化教育程度也在不断提升。

2. 牧区外出务工人员

从牧区外出务工人员的年龄构成来看，大多都以 21~35 岁的年轻人为主，这一比重占到了所调查总数的 73.56%；16~20 岁的年轻人占 10.34%；36 岁以上的外出务工牧民不多，仅占调查总数的 16%（见表 6-4）。

表 6-4   牧区外出务工人员的年龄构成抽样调查

年龄段	人数（人）	占比（%）
16~20 岁	9	10.34
21~25 岁	27	31.03
26~30 岁	22	25.29
31~35 岁	15	17.24
36~40 岁	7	8.05
41~45 岁	4	4.60
46~50 岁	2	2.30
50 岁以上	1	1.15

通过调查我们发现，牧区外出务工人员的文化教育程度普遍要比牧区住户人员高。在调查的87位牧区外出务工人员中，没有不识字或识字很少的，小学文化程度的也只有4人，仅占调查总人数的4.6%；初中文化程度的有25人，占调查总人数的28.74%。牧区外出务工人员中高中文化程度的最多，共有38人，占调查总人数的43.68%；中专文化程度的为15人，大专及以上的为5人。从这里我们可以看到，牧区外出务工人员的文化教育程度主要以初中及高中文化程度为主，这一比例高达72.42%（见表6-5）。

表6-5　　　　　牧区外出务工人员的文化教育程度抽样调查

文化程度	人数（人）	占比（%）
不识字或识字很少	0	0.00
小学程度	4	4.60
初中程度	25	28.74
高中程度	38	43.68
中专	15	17.24
大专及以上	5	5.75

在对不同年龄段牧区外出务工人员的文化教育程度的调查统计中发现，16~20岁的9位牧区外出务工人员中，初中文化程度的3人，高中文化程度的4人，中专文化程度的2人；21~25岁的27位牧区外出务工人员中，初中文化程度的6人，高中文化程度的11人，中专文化程度7人，大专及以上文化程度的3人；26~30岁的22位牧区外出务工人员中，小学文化程度的1人，初中文化程度的2人，高中文化程度的13人，中专文化程度的4人，大专及以上文化程度的2人；31~35岁的15位牧区外出务工人员中，小学文化程度的1人，初中文化程度的4人，高中文化程度的8人，中专文化程度的2人；36~40岁的7位牧区外出务工人员中，初中文化程度的5人，高中文化程度的2人；41~45岁的4位牧区外出务工人员中，其教育程度都是初中文化；46~50岁的2位牧区外出务工人员中，小学和初中文化程度的各有1人；50岁以上的1位牧区外出务工人员属于小学文化（见表6-6）。

表6-6　不同年龄段牧区外出务工人员的文化教育程度抽样调查统计

年龄段	人数(人)	不识字或识字很少	小学程度	初中程度	高中程度	中专	大专及以上
16~20岁	9	0	0	3	4	2	0
21~25岁	27	0	0	6	11	7	3
26~30岁	22	0	1	2	13	4	2
31~35岁	15	0	1	4	8	2	0
36~40岁	7	0	0	5	2	0	0
41~45岁	4	0	0	4	0	0	0
46~50岁	2	0	1	1	0	0	0
50岁以上	1	0	1	0	0	0	0

通过以上的分析可以看到，不同年龄段牧区外出务工人员的文化教育程度抽样调查统计基本也呈现一个规律：36岁以上的牧区外出务工人员中，文化教育程度主要以小学和初中为主，而且岁数越大，低文化程度所占的比重越大；35岁以下的牧区外出务工人员中，文化教育程度主要以初中、高中及中专为主，年龄越小，高文化程度所占的比重也就越大。总体而言，牧区外出务工人员不仅年轻化，而且这些年轻的外出务工人员的文化教育程度也远远高于中老年的外出务工人员。

另外，从牧区外出务工人员的打工区域抽样调查统计来看，绝大多数牧区外出务工人员的打工区域都在本省范围之内，其中以本省地区级城市和本省的建制镇为主，分别占到外出务工人数的34.48%和24.14%。其次，主要分布在本省的省会城市和本省的县级城市，分别占到外出务工人数的18.39%和13.79%。多数外出务工的牧民表示，没有一定的人际关系，不愿轻易到外省去找工作，一是在外省人生地不熟，二是觉得自身所具备的知识和技术不足，去外省发展也不一定好。而本省省会城市虽然机会比较多，但同时竞争也激烈。因此，本省的地区级城市是一个比较不错的选择，机会比县级城市多，而竞争也没有省会城市那么激烈。建制镇虽然工作机会偏少，但毕竟离家近，而且能有一定的人脉关系，找工作相对也比较容易（见表6-7）。

表6-7　　　　　牧区外出务工人员的打工区域抽样调查统计

打工区域	人数	比例（%）
外省	8人	9.20
本省省会城市	16人	18.39
本省地区级城市	30人	34.48
本省县级城市	12人	13.79
本省建制镇	21人	24.14

综合牧区住户人员和外出务工人员的年龄结构以及文化教育程度来看，可以发现：牧区住户人员中，主要以中老年人居多，而牧区外出务工人员中，则主要以年轻人居多；不管是牧区住户人员还是牧区外出务工人员，基本上年轻人的文化教育程度普遍都要高于中老年人；在各个相同年龄阶段，外出务工人员的文化教育程度总体上都要高于牧区住户人员。可以看出，目前牧区外出务工人员越来越年轻化和知识化，要想离开牧区到城市发展，一定的知识储备和技能不可或缺。

另外，需要注意的是，不管牧区住户人员还是外出务工人员他们的文化教育程度仍然较低。在调研的392名牧民当中，中专文化程度的仅17人，大专及以上文化程度的仅为6人，高中文化程度的也只有95人，所占比重尚不足25%。因此，牧区的教育工作仍然有待加强，除了继续完善和巩固义务教育，提高牧区考生的中考和高考升学率以外，还要大力发展职业教育培训，从而实现牧民文化教育程度的整体提升。

二、赤峰教育的现状

到2010年，赤峰共有幼儿园432所，在园幼儿78694人，比2005年分别增加114所和18236人。全市小学共有671所，在校学生280294人，小学适龄人口入学率和小学毕业生升学率都为100%。全市有初中学校139所，在校学生162634人，初中适龄人口入学率和小学毕业生升学率分别为99.12%和96.5%。另外，从学校各项指标来看，小学专任教师学历合格率为100%，其中专科以上学历教师占到86.88%。学生人均校舍面积为7.11平方米，低于内蒙古自治区12.1平方米的标准要求；人均教学及其辅助用房 3.76 平方米，低于自治区 5.8 平方米的标准要求；寄宿生人均生活用房面积 4.11 平方米，也低于自治区 5.5 平方米的标准要求。学生人均图书 14.8 册；人均仪器设备值 300.24 元；每百名学生拥有计算机数 2.92 台，远低于自治区人均 4.93 台的标准。初中专职教师学历合格率为 98.82%，其中本科及以上学历教师占 70.03%。学生人均校舍面积为 8.32 平方米，低于内蒙古自治区 13.1 平方米的标准要求；人均教学及其辅助用房 3.61 平方米，低于自治区 6.7 平方米的标准要求；寄宿生人均生活用房面积 4.79 平方米，也低于自治区 5.5 平方米的标准要求。在校中学生人均图书 17.9 册；人均仪器设备值 322.5 元；每百名学生拥有计算机数 4.56 台，远低于自治区人均 6.67 台的标准。随着中小学布局调整工作的推进，全市先后撤并中小学校 702 所，学校布局趋于合理。同时，也建立并开始逐步完善义务教育经费保障机制，义务教育阶段学生开始享受免费教育。

普通高中教育快速发展。2010 年，赤峰普通高中在校生达 11 万人，校均规模 2670 人。初中毕业生升学率达到 96.5%，高中阶段毛入学率达到 101%（自治区统计口径，含 2010 年扩大招生人数，剔除后为 85.6%），比 2005 年分别提高了 29.8 个和 46.1 个百分点，普及高中阶段教育已有良好基础。"十一五"时期，赤峰普通高中建设总投入超过了 11.4 亿元，有 21 所普通高中进入市级和自治区级示范性高中行列，占赤峰普通高中总数的 51.2%，越来越多的学生能够享受到优质教育资源。

中等职业教育不断实现新突破。"十一五"时期，赤峰投入 6.2 亿元改善办学条件，中等职业学校基础能力建设显著增强。到 2010 年，赤峰共创建国省两级重点职业学校 13 所，占公办中等职业学校的 52%。中等职业教育在校生达到 6.6 万人，招生职普比达到了 4.8:5.2。中等职业学校毕业生就业率达到 90% 以上，部分中等职业学校和骨干示范专业毕业生就业率达到 95% 以上。

全市民族普通中小学、幼儿园有 129 所，在校生 69691 名，蒙古语授课在校生 34163 名，分别占赤峰蒙古族人口的 7.8% 和 3.8%。其中，蒙古语授课的民族幼儿园共 18 所，在园幼儿 3511 名。民族小学共 83 所，占普通小学数量的 12.4%；在校学生 33219 名，占普通小学在校生人数的

11.9%。83所民族小学中有45所开展蒙古语授课,在校学生15743名,占民族小学在校生的47.4%。共有民族初中18所,占普通初中数量的12.9%,在校学生17520名,占普通初中在校人数的10.8%;蒙古语授课初中有6所,在校生7543名,占民族初中在校生人数的43%。民族高中10所,占普通高中数量的24.4%;在校学生15441名,占普通高中在校生人数的14%。10所民族高中有7所普通高中开展蒙古语授课,在校学生7375名,占民族高中在校生人数的47.8%。

赤峰民族中小学专任教师6750名,蒙古语授课专任教师3979名。其中,蒙古语授课高中专任教师有640名,学历合格率94.1%;蒙古语授课初中专任教师941名,学历合格率98.8%;蒙古语授课小学专任教师2398名,学历合格率达100%。

三、牧区教育资源的均衡分布问题

(一) 牧区教育资源分布不均衡

牧区教育存在的一个重要问题,就是教育资源的分布。牧区地域辽阔,人口数量少,牧民居住相对比较分散,教育资源的分布直接影响着牧区学生的教学质量和方便程度。

以赤峰市巴林左旗为例,全旗区划面积6644平方公里,共2个苏木乡、7个镇、2个街道办事处、165个嘎查村,总人口35.96万人,城区人口仅7.2万,平均每个嘎查村的面积近40平方公里,牧区人口密度为25人/平方公里。如果考虑到学生上学方便,在每个嘎查村都建设学校,那么不仅生源不足,难以形成办学规模,大量的资金投入对于边远落后的牧区而言财政也无法承受,有效的师资配备更是难上加难。教育设施的落后,优质教师资源的缺失,直接影响到牧区学生的教学质量,而教学质量的好坏将影响到升学,学历的高低最后又会影响到学生的就业。牧民的下一代是否能通过教育获得知识和技能,能否在激烈的人才竞争中取得优势并在城镇工作岗位中谋得一席之地,是关系到未来牧区城镇化进程顺利与否的一个重要因素。因此,不能让牧区的孩子一开始就输在起跑线上。

怎样才能解决这一问题呢？光靠国家增大对牧区教育设施和师资的投入行吗？即使国家增大对牧区教育设施和师资的投入，每个嘎查村办学也不现实。配备那么好的教育设施和师资，而一个嘎查村学生的人数本来就比较少，再按照年级一分，每个年级也没多少人，如此一来，还是造成了严重的资源浪费。如何才能兼顾资源的合理分配以及学生上学的便捷呢？

（二）牧区教育资源均衡分布的探索

1. 区县教育资源均衡分布的探索

对于这一问题，赤峰市巴林左旗在 2005 年就开始了一系列的探索。

当时，巴林左旗共有中小学校 139 所，教学点 20 个，幼儿园 143 所，教师 4757 名，在校中小学生 46059 人。其中，高中 4 所：普通高中 2 所，民族完全中学 1 所，职业高中 1 所；在校生 8807 人，校均规模为 2202 人；现有教师 697 人，师生比为 1:13。初中 20 所：城镇初中 2 所，农村初中 15 所，九年一贯制学校 3 所；在校生 15073 人，校均规模为 754 人，其中县城校均规模为 1826 人，农村校均规模 635 人；现有教师 1303 人，师生比为 1:12。小学 115 所：直属小学 6 所，寄宿制小学 3 所，农牧区村小学 106 所；在校生 22179 人，校均规模为 193 人，其中县城小学（不含蒙语授课小学）校均规模 1104 人，农牧区小学校均规模为（含蒙语授课小学）160 人；现有教师 2524 人，师生比为 1:9。

巴林左旗以寄宿制学校建设为依托，以扩大城区办学规模、农村牧区学校适当集中为目标，在 2005 年制定了《巴林左旗 2006~2010 年学校布局调整规划》，旨在按照"县城办高中、区域办初中、苏木镇办寄宿制小学、嘎查村办学前教育"的工作思路，调整学校布局，优化配置教育资源，促进当地教育的全面、均衡发展。具体的措施包括：

（1）高中农村部通过撤销合并，全部转到林东镇（巴林左旗的城关镇）内办学，全旗民族初中学生全部集中到林东蒙古族完全中学。截至 2010 年，全旗共有高中 4 所，全部集中在林东镇内，林东镇原有的 3 所高中在之前的规模基础上也都进行了扩建，增加了教室和宿舍数量，在师资的配备上也得到了加强。

（2）撤销农村牧区的初中校 11 所，截至 2010 年，通过撤并和扩建，全旗共保留初中 13 所，其中林东镇内初中 4 所，农村牧区 3 所，旗内相关集镇九年制寄宿学校 6 所。

（3）撤销农村牧区的小学 88 所，截至 2010 年，全旗共有小学 34 所，其中农村寄宿制小学 12 所，林东镇内小学 11 所，红岭镇（旗内的集镇）小学 1 所，富河镇（旗内的集镇）10 所。

逐步形成小学以林东镇内小学、农村牧区寄宿制小学为主，初中以林东镇内为主，高中全部进城的新格局。

同时，为了充分利用资源和避免国有财产流失，还要求撤并后闲置的高中校舍可用于初中学校建设，撤并后闲置的初中校舍要用于寄宿制小学建设，撤并后闲置的村小学在留足幼儿园、成人技校、学生实践基地等后的剩余部分，可按规定程序进行有偿公开出让，但所得资金将全部用于补充新校建设或老校扩建经费的不足。

另外，巴林左旗还通过公开选拔聘任中小学校长、公开招聘优秀大专毕业生从教、安排县城优秀教师到乡镇中小学支教、强化乡镇教师培训等措施，进一步促进全旗教育资源的优化配置。通过调整招聘、培训提高等措施，全旗高中专任教师合格率达 73.4%，初中专任教师合格率达 93.36%，小学专任教师合格率达 100%，在优化教师结构的基础上，大幅度地提高乡镇教师队伍的素质。

但通过调研我们也发现一些问题，如投入不足、矛盾突出。

首先，巴林左旗是贫困地区，地处偏僻，经济发展落后，财政状况一般，农牧民收入增长缓慢，基础设施严重落后，基础教育的发展难度较大，有些地方的办学条件还相当艰苦。尽管政府已对教育投入尽了很大努力，但由于巴林左旗财政收入总量很小，财政对教育投入的能力极其有限，教育经费供求矛盾还很突出。其次，师资不高、队伍不稳。由于农村牧区中小学办学条件艰苦，教师待遇差，许多素质较高的教师流向城镇学校，造成了农村牧区学校好的教师调不进来，在校的教师留不住。同时，由于学校经费不足，教师外出学习、培训、交流的机会较少，影响了自身素质的提高及教育教学水平的发展，从而形成了农村牧区学校教师总体素质不高的现象，很难适应当前教学的需要。最后，条件艰苦、设施落后。

近年来，教育事业发展迅速，办学条件要求逐年提高，相对而言，农村牧区学校基础设施建设落后，特别是农村牧区中小学专用教室、信息技术教育等必备设施普遍短缺。寄宿生宿舍楼和食堂用房相对紧张，许多学校新建了500多平方米的食堂，但还是不能满足全部学生的用餐需求，有的学校一个宿舍就安排18名住宿生，住宿条件还是比较艰苦。

对于旗县一级来说，虽然政府已经在教育资源均等化方面做了较大的努力，但由于受到一些客观条件的限制，仍然存在许多问题。那么从赤峰市一级政府是否能够通过统筹安排来解决这些难题呢？

2. 市级层面促进教育均衡布局方面的措施

根据调研，为推进各旗县区义务教育均衡发展，赤峰市政府制订了义务教育均衡发展专项推进工作方案。主要以实现旗县区级区域内义务教育均衡发展为目标，以改造薄弱学校和义务教育标准化学校建设为主线，促进教育资源优化配置，努力缩小区域内学校差距，保障学生平等接受义务教育的权利，全面提高义务教育办学水平和教育质量。

建立城乡一体化的义务教育发展机制，在财政拨款、学校建设、教师配置方面向农村牧区倾斜，巩固提高农村牧区寄宿制学校建设水平，优先满足留守儿童住宿需求。同时，根据城乡发展需要，按照"县城办高中、区域办初中、苏木镇办寄宿制小学、嘎查村办学前教育"的工作思路，合理规划学校布局，在方便学生就近入学的基础上，进一步加强学校硬件和软件方面的建设。另外，中小学仍以全日制公办为主，确保进城务工人员随迁子女平等接受义务教育。

（1）完善农村及薄弱学校办学条件。将国家、自治区和旗县区2010年、2011年及2012年薄弱学校改造资金重点向偏远地区和农村学校倾斜，重点解决薄弱学校校舍及仪器设备不足问题，切实提高农村牧区学校办学条件。另外，加快农村牧区偏远学校信息化建设步伐，搭建远程教育平台，尽快实现农村牧区偏远学校的远程信息化教育，使农村牧区和边远地区师生能够享受优质教育资源。

（2）加快发展学前教育。把发展学前教育纳入城镇和新农村、新牧区建设规划。建立政府主导、社会参与、公办民办并举的办园体制。大力发展公办幼儿园，加大政府投入，新建和改扩建一批安全、适用的幼儿园。

中小学布局调整后的富余教育资源和其他富余公共资源优先改建成幼儿园。规划到 2017 年，每个旗县区城镇将建 1 所自治区级示范性幼儿园，每个乡镇苏木创建 1 所市级示范性幼儿园，每个乡镇苏木办好 1～2 所中心园，每个行政村或两个相邻的行政村办好 1 所村办园，并达到市级三类以上幼儿园标准。鼓励社会力量以各种形式开办幼儿园，积极扶持面向大众、收费较低的普惠性民办幼儿园发展。强化学前教育管理，遵循幼儿心身发展规律，保教结合，寓教于乐，促进幼儿快乐健康成长。

（3）推行优质普通高中招生名额 50% 分配到区域内初中，保障进城务工人员子女、留守儿童平等接受义务教育。

（4）推动教师资源配置均衡化。有计划地选派区域内义务教育公办学校优秀校长和骨干教师到薄弱学校任职任教，实现校长和教师在城乡间、学校间常规性轮岗，促进区域内义务教育师资均衡。校长在同一学校任职满 6 年应进行交流。每年城区、乡镇优势学校和乡镇及以下薄弱学校互派校长任职的覆盖面要达到城乡义务教育学校总数的 1/4。通过招聘等方式引进优质师资，补充农村牧区等薄弱学校师资力量，解决薄弱学校师资不足问题。加强农村牧区和薄弱学校师资培训，农村牧区和薄弱学校每年外派教师培训比例不低于 20%。继续实施农村牧区义务教育学校教师特设岗位计划，创新教师补充机制；积极改善牧区教师的工作生活条件，提高牧区教师待遇，各地在核定义务教育学校绩效工资总量时，要根据当地的财力和牧区义务教育学校的人员情况，适当增加绩效工资总量，把增加绩效工资总量作为向牧区义务教育学校，特别是条件艰苦的学校倾斜的资金来源；提高牧区中小学中、高级教师职务岗位比例，使牧区中小学中、高级教师职务岗位高于城镇。城区优质义务教育学校教师到农村薄弱学校任教教师比例不少于教师总数的 5%。凡晋升中级以上职称和参加县以上评优、评先的教师，必须有在乡镇及以下农村薄弱学校工作 1 年以上的经历。

赤峰的统筹安排使得教育资源在全市城乡范围内实现了优化配置，最大限度内地促进了城镇和农村教育资源的均等化。为了进一步评估这一工作的成效，我们在巴林左旗的几个嘎查村进行了问卷调查，了解牧民的一些看法。

有很多牧民家长对于集中办学的模式态度比较矛盾，特别是小学学生的家长。按理说，集中办学有利于教育资源的优化配置，缩小城乡教育公共服务的差距，对于牧民来说是好事，至少自己的孩子能跟城里的孩子在同一起跑线上竞争。但牧民的家长心里也矛盾，孩子那么小，就要一个人远离父母在外面生活学习，家长不放心。怎么办呢？既要考虑到孩子的前途，又希望孩子的生活能有人照顾，因此，许多牧民家长都选择让孩子的爷爷奶奶到城镇租房以照顾孩子的生活。这样一来，家庭支出必然会增加，不仅在城镇租房要钱，另外城镇的物价水平相比牧区也要高，一年下来，对于靠放牧为生的牧民家庭而言也成为一笔不小的负担。而且有些苏木乡的面积达上千平方公里，远在牧区的家长到学校看一次孩子要走近一天的路，所花费的交通费用也不少。

学校的老师也认为将孩子封闭在学校，在乡镇上读书的牧区小学生一周回一次家，而在县城读书的牧区中学生几乎是一个月才回一次家，回家一次也就是住一两天就要赶回学校，家庭教育几乎没有。这种缺少亲情教育的模式是不完整的，对孩子身心的健康成长十分不利。如果是就近入学，家长对孩子的学习、心理都能及时地发现问题然后指导或与老师沟通，能全面及时地教育孩子。

四、牧区民族教育问题

民族教育是提高少数民族的科学文化素质，为少数民族地区经济和社会发展培养人才，促进少数民族地区经济发展和社会发展的客观需要。赤峰民族教育发展迅速，已经基本形成与其他各级教育相协调，从学前教育到高等教育，层次结构合理，具有鲜明民族和地方特色的办学体系。目前，赤峰90%以上的义务教育阶段的民族学校实行集中住宿，民族高中高考升学率逐年提高，2011年蒙古语授课高中高考二本以上升学率达61%，名列内蒙古自治区前茅。

然而，由于历史、社会、经济发展水平等多种原因，赤峰的民族教育还面临着一些特殊的困难和问题。如教育基础相对薄弱、教育观念相对滞后、教育改革进程缓慢；教师队伍结构不合理，教学质量不高；教育投入不足，办学条件有待改善；民族语言授课学生逐年减少，等等。另外还有两个比较重要的问题：一是民族学前教育；二是民族职业技术教育。

（一）民族的学前教育

首先，由于牧区地广人稀，目前幼儿园很难完全覆盖到每一个嘎查村，更何况即使做到每个嘎查村建设一个幼儿园，几十平方公里的村辖面积，也使得许多居住分散的牧民家庭不愿将孩子送到幼儿园，以省去每日来回接送的麻烦。其次，在许多牧民家长的传统思想中，幼儿园的教育可有可无，小学以上的教育才会被认为重要。最后，由于幼儿园教育属于非义务教育范畴，一定程度上还要收取学费。因此，许多牧民家庭选择让老人或者母亲在家看管孩子，直到孩子到了小学年龄才开始接受正式的教育。

表6-8是在巴林左旗几个村做的问卷调查结果，调查对象为50位适龄儿童的牧民家长。其中，有16位牧民家长的孩子到幼儿园上学，剩下的34位牧民家长的孩子都在家自己看管。送孩子上幼儿园的原因主要有两个：一是希望孩子多学东西；二是家中太忙没时间管孩子。孩子在幼儿园的16位牧民家长中，出于第一个原因送孩子到幼儿园的有12人，表示因为家中太忙没时间管孩子的有4人。从送孩子上幼儿园是否方便来看，有13位牧民家离幼儿园比较近，因此比较方便，另外3人是用家里的摩托车接送孩子。对选择在家自己看管孩子的牧民家长中，有19人觉得家离幼儿园太远，接送孩子很不方便，所以只能自己在家看管孩子；有9人认为反正家里人有时间，也不忙，干脆自己管也行；剩下6人表示把孩子送到幼儿园上学还要花钱，没有必要。

表6-8　　　　　　　　牧区学前教育问题问卷调查

是否上幼儿园	上幼儿园	在家自己看管	
	16人	34人	
上幼儿园的原因	让孩子多学东西	家里太忙没时间管孩子	
	12人	4人	
接送孩子是否方便	离幼儿园比较近	家里有摩托车接送	
	13人	3人	
不上幼儿园的原因	离幼儿园太远接送不方便	家里有人管	没必要，还要花钱
	19人	9人	6人

儿童是人生智力发展的基础阶段，又是发展最快的时期，适当、正确的学前教育对幼儿智力及其日后的发展有很大作用。在城市，学前教育的发展越来越规范化和科学化，除了对幼儿开展体、智、德、美诸多方面全面发展的启蒙教育之外，许多幼儿园还通过开展幼儿双语教学、幼儿算术教学、幼儿艺术教学等特色教育为即将步入小学阶段的孩子进行基础的教学。因此，学前教育的缺失对于牧区的孩子而言，无疑在起跑线上比城里的孩子晚了很多。城乡教育的不公平从学前教育就开始凸显，为了破除这种不公平，政府应该从牧区的学前教育开始抓起，首先，进一步加大对牧区学前教育的投入，可以在确保每个村都有一家幼儿园的基础上，实现上学、放学校车接送，减少牧民家长负担，以方便牧区孩子入读幼儿园。同时可以考虑通过财政补贴等形式，减免牧区儿童入园学费，提高牧区儿童的入园率。其次，加大宣传力度，向牧民群众宣传学前教育的重要性，提高牧民家长的认知意识。

（二）牧区民族职业技术教育

还有一个需要关注的是牧区的民族职业技术教育问题。通过调研发现，年轻一代的牧民孩子由于上学都在城镇，再加上网络传媒的普及使他们对城市有了更多更直接的了解，从而更加向往城市中的生活，他们期待通过自己的努力到城市生活，成为城市居民中的一员，而不愿意像自己的父母一样在牧区放牧为生。然而，愿望是好，但现实问题是，由于牧区考生高考升学率不高，许多牧民家庭的孩子未能考上大学，如果没有知识、没有技术，这些牧民的孩子如何在竞争激烈的城市中立足呢？

因此，除了高考政策继续向牧区少数民族考生倾斜外，政府还应该积极发展民族职业技术教育，努力培养一批有一定文化科技和劳动素质的少数民族应用型、技能型人才，为民族学生就业提供多元选择机会。

（三）促进牧区民族教育的政策建议

1. 加快发展民族学前教育

重点发展苏木乡镇为中心的农村牧区学前教育，充分利用中小学布局调整闲置的校舍和教师等资源，在蒙古族人口集中的苏木乡镇创建蒙古语言文字授课幼儿园。

旗县区所在地尚未建立民族幼儿园的蒙古族聚居的旗县区 2013 年之前必须创建至少 1 所具有一定规模的蒙古语言文字授课公办幼儿园。不具备单独建立蒙古语言文字授课幼儿园的旗县区创建公办民族幼儿园，可同时招收汉语授课班和蒙古语授课班。已建有民族幼儿园的旗县区要进一步加大对直属民族幼儿园的投入，扩大办园规模，提高办园质量和水平，努力达到自治区示范园标准。以国家中西部农村牧区学前教育推进工程为契机，采取各种形式扩大农村牧区学前教育资源，不具备办园条件的可在当地总校（或中心小学）举办附设幼儿园或开设学前教育班。到 2015 年，旗县区所在地要实现蒙古语言文字授课学前三年教育的普及，苏木乡镇级要普及蒙古语言文字授课学前一二年教育，确保蒙古语言文字授课学前教育总体普及程度要高于赤峰平均水平。

2. 全面推进义务教育的均衡发展

按照学校区域均衡发展的要求，均衡配置师资、设备、图书、校舍等资源，努力缩小校际、城乡、区域间差距，推动民族义务教育健康、协调发展，办好各级各类民族中小学。根据民族地区的特殊性和民族教育的发展需要，合理规划学校布局，办好必要的嘎查村小学和教学点，方便学生就近入学。

3. 积极发展民族职业技术教育

重视和加强民族职业技术教育，加大对民族职业教育的支持和建设力度，扩大赤峰工业职业技术学院、赤峰农牧学校、乌丹卫生学校和旗县区职教中心民族特色专业班的招收规模，努力培养一批农牧业生产需要的、有一定文化科技和劳动素质的少数民族应用型、技能型人才；探索综合高中发展模式，鼓励有条件的民族普通高中根据需要适当增加实践教学内容，渗透职业教育因素，为民族学生升学、就业提供多元选择机会。

4. 完善民族教育助学体系

内蒙古自治区 2012 年起将扩大义务教育阶段双语教学寄宿学生的生活费补助范围，对蒙古语言文字授课学前教育学生逐步实行免费和生活补助费制度，具体补助标准另行规定。

5. 提升民族学校校长队伍和教师队伍素质

以农村牧区民族中小学为重点，创新教师补充机制，完善制度政策，切实保证和提高农村牧区民族中小学教师的待遇，吸引更多优秀人才从事民族教育事业；全力畅通民族大中专毕业生录用渠道，建立为教师队伍不断输入新生力量的有效机制，不断优化教师队伍的学科结构、年龄结构；加大教师培训培养力度，完善教师培训体系，做好教师培训规划，丰富教师的培训内容，建立健全规范有效的教师培训长效机制；针对蒙古语言文字授课幼教师资短缺的实际，要采取本地区大中专院校开设蒙古语言文字授课学前教育专业或在外地委托培训等形式加大对蒙古语言文字授课幼教师资的培养力度，保障民族幼儿园师资来源；加强民族教师专业化素质和学历提高工作，通过"国家少数民族高层次骨干人才培养计划"及函授学习、自学考试或教育部门认可的转岗培训等方式，保证教师学历达标，专业合格率逐年提高。

6. 加快民族中小学信息化基础设施建设和教育信息资源建设

结合"数字校园"工程，积极推进农村牧区民族中小学远程教育的普及进程，使农村牧区和边远地区民族学校师生能够享受优质教育资源。到2015年，义务教育阶段民族学校基本实现"班班通多媒体"目标；民族高中要逐步实现"网络化"；苏木乡镇中心校以上民族学校要配齐实验室、语音室、计算机教室、图书资料室、特色教育活动室等，并配全教学仪器设备，充分发挥、提高各室的功能和使用率，切实加强农村牧区民族学校实验教学。充分发挥民族教育研究会和教研机构的作用，重视理论引领，强化实践指导。广泛开展民族教育的协作交流，坚持以开放促改革、促发展，扩大与蒙古语文协作省区的教育合作与交流，拓展交流内容，创新合作模式，提高合作交流水平。与内地学校以及周边国家学校开展各种交流协作活动，引进发达地区先进的教育理念、管理方式和智力资源。

第2节 牧区基层卫生医疗

城镇和牧区社会保障二元结构的存在，使得在收入二次分配过程中，社会保障投入仍然更多地流向城镇。而在医疗卫生条件相对落后的牧区，处于低收入水平的牧民，不得不为获得必要的医疗服务承担更多的消费支出，因病致贫、因病返贫现象十分严重，从而进一步导致城乡差距的扩大。

一、基层医疗卫生工作的基本情况

（一）牧区基层医疗卫生现状

赤峰市苏木乡镇卫生院共有239所，其中，中心卫生院110所，一般卫生院129所。能够开展上腹部手术、下腹部手术、剖宫产手术的分别占26%、85%和62%；能够开展急诊急救、中蒙医业务、口腔业务的分别达到90%、86%和61%。同时，在嘎查村一级也已按"一村一室"的标准和要求设置了卫生室，就目前来看，赤峰嘎查村的甲级卫生室覆盖率已达到70%。

截至2010年年底，赤峰各苏木乡镇卫生院共有卫生人员5430人，其中卫技人员4801人（执业医师及助理2306人）；拥有乡村医生4909人（执业医师及助理230人）。2010年，赤峰以集中培训的形式，分别对1942名苏木乡镇卫生院人员、3711名乡村医生进行了专业技术培训。全年累计有339名基层医务人员参加了全科医师培训，其中已有39人获得全科医师资格证书并持证上岗。与此同时，赤峰4家三级医院和12所旗县医院与各乡镇卫生院建立了长期对口协作关系，共派出19个医疗队支援各乡镇卫生院开展工作，有力提高了基层医疗卫生的服务能力。

（二）牧区医疗卫生服务情况问卷调查

为了进一步了解牧民对医疗卫生的满意情况，作者在喀喇沁旗和克什克腾旗的部分牧区共10个嘎查村进行了问卷调查，共向120家牧民家庭发放了问卷。主要围绕牧民看病医院的选择与方便程度、就医费用，以及对村卫生室和乡镇卫生院的评价等问题进行了调查。最后，收回问卷120份，全部为有效问卷（见表6-9）。

表 6-9　　牧区医疗卫生服务情况问卷调查

调查项目	子项目	选项	调查人数	比例（%）
看病医院的选择以及看病的方便程度	首选看病医院	村卫生室	54	45.00
		乡镇卫生院	49	40.83
		旗县医院	17	14.17
	看病医院的方便程度	方便	68	56.67
		一般	34	28.33
		不方便	18	15.00
就医费用的情况	看病价格合理程度	合理	63	52.50
		比较合理	42	35.00
		不合理	15	12.50
	家庭医疗费占年收入的比例	10%以下	71	59.17
		10%~30%	26	30.00
		30%以上	13	10.83
对村卫生室和乡镇卫生院的评价情况	乡镇卫生院纳入新农合定点医疗机构后的服务质量	服务质量提高	97	80.83
		服务质量没变	17	14.17
		服务质量下降	6	5.00
	村卫生室的服务质量	很满意	62	51.67
		满意	47	39.17
		不满意	11	9.17
	乡镇卫生院需要改进和完善的	医疗水平	89	74.17
		服务态度	8	6.67
		乡镇卫生院环境	23	19.16
	村卫生室需要改进和完善的	医疗水平	83	69.17
		服务态度	11	8.33
		村卫生室环境	26	21.67

1. 看病医院的选择以及看病的方便程度

从调查问卷的结果可以看出，牧民看病基本首选村卫生室和乡镇卫生院，120位调查牧民中，有54位看病首选村卫生室，49位看病首选乡镇卫生院，分别占到调查人数的45%和40.8%，另外有14.17%的牧民首选去旗县医院。根据进一步的调查发现，绝大多数牧民之所以看病首选村卫生室和乡镇卫生院,主要有三方面的原因:一是自认为不是什么严重的病,在村卫生室或乡镇卫生院就能医治;二是觉得旗县医院离得比较远,在村卫生室或乡镇卫生院看病更加方便;三是一般在村卫生室或乡镇卫生院看病报销的比例要比旗县医院高。调查中首选去旗县医院看病的牧民,多数因为了解自己的病情,觉得只有旗县医院才能得到更好的医治,或者是担心村卫生室或乡镇卫生院的医疗诊断水平不高,怕出现误诊从而耽误医治。从医院看病的方便程度来说,56.67%的牧民认为比较方便,28.33%的牧民认为一般,剩下15%的牧民觉得不方便。其中,认为比较方便和一般的牧民大多数都是选择在村卫生室和乡镇卫生院看病;而认为不方便的牧民大多数都是选择去旗县医院看病,认为离旗县医院太远,很不方便。

因此,可以看出,由于牧区地广人稀,牧民居住又较为分散,到旗县医院看病对于牧民来说距离较远,不方便。村卫生室和乡镇卫生院虽然解决了牧民看病不方便的问题,但它们的医疗设施落后、诊断水平不高,只能解决一些常见的疾病。针对这一问题,政府可以进一步加大对村卫生室和乡镇卫生院的投资建设力度,增加医师的培训机会,不断完善村卫生室和乡镇卫生院的医疗硬件设施,提高医师的医疗技术水平,从而为牧民看病提供更好的服务。

2. 就医费用的情况

为了进一步了解牧民看病的花费情况,问卷分别就看病价格是否合理以及家庭医疗费占年收入的比例对当地牧民进行了调查。

调查发现,120位调查牧民中认为看病价格合理的有63人,占到总调查人数的52.5%;认为看病价格比较合理的有42人,占总调查人数的35%;有15人认为看病价格不合理,占到总调查人数的12.5%。由此可以看出,绝大多数牧民对当前就医的价格还是比较认可,而认可的原因主要还是因为绝大多数牧民都参加了新型农村牧区合作医疗保险,他们就医的大部分费用可以报销,这样自己个人所承担的就医花销基本上不会构成太大的经济压力。

从家庭医疗费占年收入的比例来看,有71人表示其家庭医疗费占年收入的10%以下,占所调查总人数的59.17%;有26位被调查牧民表示其家庭医疗费占到年收入的10%~30%,占所调查总人数的30%;另外有13

人家庭医疗费占到年收入的30%以上，占所调查总人数的10.83%。由此可以看出，在新型农村牧区合作医疗开展以来，牧民家庭医疗开支基本控制在家庭收入的10%左右，只有少数牧民因为病情较为严重或部分医疗开支不在新农合保险报销范围之内，从而使得其医疗开销较大，超过家庭年收入的30%以上。这部分牧民也是最有可能导致因病致贫或因病返贫的重点人群，因此，如何从大病统筹的角度解决这部分人群的医疗开支问题是未来新型农村牧区合作医疗工作开展的重点。

3. 对村卫生室和乡镇卫生院的评价情况

通过调研发现，绝大多数牧民看病就诊都首选去村卫生室或乡镇卫生院，因此有必要对牧区卫生室或乡镇卫生院的情况做进一步的调查研究。

（1）乡镇卫生院。新型农村牧区合作医疗工作实施以后，乡镇卫生院被纳入新农合定点医疗机构，那么牧民对乡镇卫生院服务质量的评价有何改变呢？在调查的120名牧民当中，有97人认为乡镇卫生院的服务质量在纳入新农合定点医疗机构后有所提升，占总调查人数的80.83%；有17人认为服务质量没有什么变化，这部分人群所占总调查人数的14.17%；另外有5%的牧民认为乡镇卫生院服务质量比之前有所下降。总体来看，乡镇卫生院被纳入新农合定点医疗机构后，其服务质量还是得到绝大多数牧民认可的。

在调研中还发现，牧民希望乡镇卫生院能在某些方面做进一步的改进和完善。有89位牧民认为乡镇卫生院应着重在医疗水平上进行改进和提高，持这种观点的占总调研人数的74.17%；有8位牧民认为乡镇卫生院应着重在服务态度上进行改进，持这种观点的占总调研人数的6.67%；有23位牧民认为乡镇卫生院应着重在就医环境上进行完善和改进，持这种观点的占总调研人数的19.16%。由此可见，牧民最为关心的还是乡镇医院的医疗水平，毕竟牧民到旗县医院看病距离太远，而村卫生室在医疗技术和医疗设备上又远不如乡镇医院，因此，乡镇医院作为患病牧民的一个重要选择，其医疗水平的高低直接影响到牧民的治疗效果和身体健康。

（2）村卫生室。在对村卫生室服务质量的问卷调查中发现，有62人对村卫生室的服务质量表示很满意，有47人表示满意，另外有11人对村卫生室的服务质量不满意，分别占到总调查人数的51.67%、39.17%和

9.17%。总体来看，牧民对村卫生室的服务质量还是比较满意的。

另外，牧民对村卫生室的改进和完善也提出了希望。其中，有83位牧民认为村卫生室应着重在医疗水平上进行改进和提高，持这种观点的占总调研人数的69.17%；有11位牧民认为村卫生室应着重在服务态度上进行改进，持这种观点的占总调研人数的8.33%；有26位牧民认为村卫生室应着重在就医环境上进行完善和改进，持这种观点的占总调研人数的21.67%。由此可以看出，牧民最为关心的还是村卫生室的医疗水平，毕竟卫生室最主要的职责就是诊断病情，为牧民治疗疾病，而且也是离牧民最近，最方便牧民患病就诊的医疗机构。因此，适当加大对村卫生室医疗设备的投入以及医疗人员的知识技术培训，将更加有利于牧区医疗服务水平的提高。

二、新型农村牧区合作医疗工作的基本情况[①]

赤峰的新型农村牧区合作医疗工作自实施以来，经历了试点、全面覆盖和巩固提高三个阶段，从2005年试点开始，到2007年就实现了新农合制度在全市范围的覆盖，目前已经进入完善制度、持续发展的巩固提高阶段。2005~2011年，参合人数由42.97万人提高到315.64万人，人均筹资水平也由最初的30元提高到230元，各级财政补贴补助所占比例由66.7%提高到87%。截至2010年年底，农牧民住院收益面由2.8%提高到9.1%，报销封顶线由2万元提高到4万元，部分地区达到5万元，总共有93.95万参合农牧民住院受益。新农合筹资总额达到12.7亿元，共为参合农牧民报销11.8亿元，基金历年沉淀率仅为7.1%，新农合基金较高的使用效率，确保了参合农牧民真正受益。新农合年度补偿增长率、住院收益率、门诊收益率分别达到129%、58.5%和99.8%，保障水平和农牧民的收益水平得到很大提升。

2005年，敖汉旗进入第二轮国家新农合试点地区行列，共有42.97万农牧民参加新农合，参合率达82.3%，筹资总额为1169.7万元。全年共为参合农牧民补偿医疗费用819万元，共有20.7万人受益，其中12072人

---

① 本部分数据由笔者根据赤峰市卫生局提供的《赤峰市新农合调查统计报告》整理。

次获得大病医疗补偿。

2006年，喀喇沁旗、林西县和克什克腾旗被纳入第三轮国家新农合试点行列。共有100.06万农牧民参加，参合率达84.8%，筹资总额为4681.3万元。全年为参合农牧民补偿医疗费用3072.72万元，有32983人次获得大病医疗补偿，补偿金额达2466.95万元。

2007年，新农合工作在赤峰各旗全面推开，全市共有300.55万农牧民参加新农合，占农牧业户籍人口的86.9%，共筹集基金14984万元。全年报销总额达到了13037.96万元。其中，所有参加新农合的农牧民均获得了家庭账户补偿，金额达2746.21万元，共计125793人次获得大病住院补偿，金额达9952.95万元；395438人次获得慢性病等其他补偿，金额达338.8万元。

2008年，各级财政提高了新农合的补助标准。其中国家、自治区、市、旗县财政对参合农牧民每人每年的补助，分别由2007年的20元、10元、5元和5元的标准提高到了40元、20元、10元和10元。赤峰累计共有310.08万农牧民参加了新农合，参合率占常住人口的93%。共筹集基金27877万元，报销总额达24855.94万元。其中，所有参加新农合的农牧民通过家庭账户获得补偿1714.49万元。共计21.76万人次获得大病住院补偿，金额达21961.69万元；4.7万人次获得慢性病、住院分娩等其他补偿，金额达1179.76万元。大病住院平均补偿比近50%，年度资金结余控制在9.8%。

2009年，赤峰共有314.05万农牧民参加新农合，参合率占农牧业户籍人口的90.5%，占常住人口的95.4%，比2008年提高了2.4个百分点。全年筹资总额达31564.94万元，报销总额达31781.6万元，其中，住院补偿266173人次，补偿金额达29003.41万元；门诊补偿15771人次，补偿金额59.29万元；家庭账户补偿934049人次，补偿金额1841.34万元；住院分娩和特殊大病补偿67618人次，补偿金额837.39万元；健康体检80348人，支出40.17万元。住院大病平均补偿比达50.05%，住院年度补偿总额增长率为32.06%。

2010年，各级财政的新农合补助标准又由每人每年80元提高到了120元，人均筹资标准达到150元以上。赤峰共有314.98万农牧民参加新农合，参合率占农牧业户籍人口的90.55%，占常住人口的96.7%，筹资总额达47277.57万元。全年补偿金额达44902.96万元,共补偿3122843人次。其中住院补偿284885人次,补偿金额36813.86万元;门诊补偿1832362人次,补偿金额4743.27万元;家庭账户补偿938678人次,补偿金额2207.94万元;住院分娩和特殊大病补偿66918人次,补偿金额1137.89万元。同时,统筹地区内新农合政策范围内住院报销比例达到63.8%,住院年度补偿总额增长率为26.93%。

2011年,为了进一步扩大新农合的覆盖面,方便农牧民异地住院报销,在赤峰全市范围内积极推行市内异地参合就医。同时,人均筹资标准也提高到230元,住院补偿封顶线提高到80000元,统筹地区新农合政策范围内住院报销比例高达70%。实现基金结余当年低于10%,历年累计低于20%的工作目标。2011年全年共有315.64万人参加新农合,参合率占农牧业户籍人口的92.62%。

三、新农合工作的改进和创新

为了进一步推动全市新型农村牧区合作医疗工作,提高统筹层次,增强保障能力,赤峰于2012年又出台了《赤峰市新型农村牧区合作医疗市级统筹及引入商业保险参与经办工作方案(试行)》。

从2012年起,政府也加大了对农村牧区合作医疗的补贴力度,农牧民新农合个人缴费标准为50元,国家、自治区、市和旗县区每人每年补助分别为156元、42元、21元和21元。人均筹资标准达到290元。

(一) 新农合基金的分类

新农合基金包括门诊统筹基金(含一般诊疗费支付资金)、新农合大额医疗补助保险基金、新农合住院统筹基金和新农合风险备用金四部分,不再单独设立其他基金。继续实行门诊统筹和住院统筹相结合的管理模式。门诊统筹包括普通门诊、门诊观察治疗(包括门诊输液、门诊康复理疗、门诊蒙中医药服务)和门诊慢性病定额补偿,三项一并推进实施,扩大门诊受益面。住院统筹包括新农合基金补偿和新农合大额医疗补助保险补偿两部分。

1. 门诊统筹基金

2012 年，按参合人口数每人 50 元作为门诊统筹基金。其中 15 元作为普通门诊资金，以户（家庭）为单位使用；35 元作为门诊观察治疗（含一般诊疗费支付资金）和门诊慢性病定额补偿资金。门诊统筹资金实施总额预算、包干使用、分期支付、超支不补，参合农牧民不承担资金风险。

2. 新农合大额医疗补助保险基金

2012 年，按参合人口数每人 10 元作为新农合大额医疗补助保险基金，用于购买商业保险机构的大额医疗补助保险，从而使农牧民的医疗费用补偿标准得到相应的提高。一是新农合报销补偿到 6 万元以上部分的医药费用，由商业保险机构从大额医疗补助保险中支付，赔付比例为 80%，年最高赔付限额为 14 万元，整体封顶线达到 20 万元，以减轻重大疾病患者的医疗费用负担。二是参合人员在统筹年度内发生住院，医药总费用在 6 万元以上，新农合补偿未达到 6 万元，符合新农合政策的个人自付部分的医药费用，由商业保险机构按照 50% 的赔付比例从大额医疗补助保险中支付，年最高赔付到封顶线 6 万元。以扩大参合人员的受益面，尽量降低参合人员个人支付医药费用的比例。三是将新农合外伤等意外伤害患者住院补偿工作交由商业保险机构经办，按照新农合规定政策执行，从大额医疗补助保险中支付。

3. 新农合住院统筹基金

在提取完风险备用金、门诊统筹基金和新农合大额医疗补助保险基金后的剩余基金为住院统筹基金。采取住院总额预付、单病种付费和按床日付费的方式加强对基金的管理与对定点医疗机构的费用控制。在新农合规定的病种、诊疗项目及用药目录内发生的住院医药费用，按新农合规定的比例报销，补偿到 6 万元封顶。

4. 新农合风险备用金

包括提取的赤峰全市当年筹资总额 10% 的基金和各旗县区 2011 年及以前新农合风险金与沉淀基金。

（二）新农合的补偿标准

（1）住院费用实行分段、按比例补偿，一年累计补偿金额最多达到封顶线。参合人员在年度内患同一种疾病连续转院治疗的，可只计算其中最高级别医院的一次起付线；年度内在同级别医疗机构因不同疾病第二次及其以后住院的，可将起付线降为相应级别医疗机构起付线的50%；蒙中医定点机构住院报销起付线旗县区级100元，市级300元。对符合条件享受两项及以上起付线优惠政策的参合人员，只能享受最高级别的一项优惠政策。市内跨区域住院报销补偿执行全市统一报销比例。市外医疗机构起付线为800元，各段报销比例在市级定点医疗机构的基础上降低5%。定点医疗机构提供蒙中医药服务的住院费用补偿起付线以上部分，补偿比例提高15%。定点蒙中医机构提供蒙中医药服务在总诊疗服务中能够达到80%以上比例的，其补偿比例再提高5%，整体提高到20%，总的报销比例不超过95%。

（2）普通门诊费用可在乡村两级定点医疗机构（包括社区卫生服务机构）100%报销，可一次性使用完毕。门诊观察治疗主要在县乡二级定点医疗机构实施，各旗县区可根据本地实际延伸到村级。报销比例县级为40%，乡村级为60%，年度封顶线为800元（村级和社区卫生服务站以户封顶）。单次报销封顶村级100元/次，乡镇和县级400元/次。门诊观察治疗达到年度封顶线又进行住院治疗的患者，住院起付线在各级定点医疗机构起付线标准基础上增加400元。门诊慢性病按病种实行定额报销，年度封顶（具体方案由市卫生局另行制定）。

（3）一般诊疗费的新农合支付比例和报销办法：普通门诊和旗县区级定点机构实施门诊观察治疗（按实际发生的诊疗项目的收费标准和材料费收取，计入总费用按比例报销）不得收取一般诊疗费。门诊观察治疗（常见病、多发病、慢性病的输液和门诊康复理疗）在村级和乡镇级治疗按每人次10元/日收取。个人自付每人次2元/日，不计入报销范围；其余8元不计入总费用，全部由新农合门诊统筹基金报销。各旗县区新农合经办机构要做好测算，实行总额预付，包干使用，超支不补。一般诊疗费所包含项目不得重复收取。

（4）当年统筹基金结余超过当年统筹基金15%，历年统筹基金结余超过当年统筹基金25%时，经市新农合工作协调领导小组决定，可对当年得到住院补偿的农牧民普遍开展二次补偿。

（三）新农合补偿资金的报销

赤峰各旗县区新农合经办机构负责审核参合人员在本辖区内和市级定点医疗机构（初审）以及市外就医的住院报销补偿费用，并于每月 25 日报市新农合管理办公室，由市新农合管理办公室报市财政局申请应补偿资金。市新农合管理办公室负责全市参合农牧民在市级定点医疗机构住院报销补偿费用的复审并向市级定点医疗机构支付其垫支的补偿资金。商业保险机构的理赔资金也必须同步支付。

1. 新农合基金支付采取预拨制

每年年底市新农合基金管理专户（市级统筹专户）向旗县区新农合基金财政专户预拨门诊统筹资金和 30% 新农合住院统筹基金。市新农合管理办公室按月向市财政局填报用款申请书，财政局审核后，在 3 个工作日内将基金从市级统筹专户拨入市级各定点医疗机构和旗县区新农合基金管理专户。

2. 医药费用补偿实行即时结报制

参合人员在本旗县区内定点医疗机构就诊的医药费用由定点医疗机构初审，旗县区新农合经办机构审核后现场报销；参合人员在市级定点医疗机构住院的医药费，出院后由定点医疗机构和旗县区新农合经办机构初审，市新农合管理办公室审核后现场报销；应该由商业保险机构进行理赔支付的，由其驻院代表核实审核后现场赔付，由医疗机构垫支。定点医疗机构现场报销垫付的资金，由市新农合管理办公室、各旗县区新农合经办机构、商业保险机构定期给予结算。

3. 非即时结报费用结算

参合农牧民在市外医疗机构就医的医药费用，到参合地新农合经办机构进行审核后报销；应该由商业保险机构进行理赔支付部分，由其与新农合经办机构合署办公的工作人员审核后报销，在 5 个工作日内将补偿和赔付资金一并打入农牧民财政直补资金"一卡通"银行卡或存折账户，并及时予以告知和公示。

4. 报销医药费用执行严格审核制

旗县区新农合经办机构负责本辖区内参合人员的门诊医药费用、在本辖区内定点和市级定点医疗机构（初审）以及市外就医住院医药费用的审核；市新农合管理办公室负责本市参合人员在市级定点医疗机构就医住院医药费用的复审，负责对旗县区新农合经办机构审核报销单据的抽审。对在审核和抽审中发现的违反新农合相关规定的费用，各级新农合经办机构不予报销或结算。

（四）门诊观察创新

通过新农合几年的运行，门诊家庭账户补偿方式的弊端逐步显现，不能正确引导农民有病早治。部分农民认为家庭账户中的钱实际上就是自己的，舍不得用，所以能省就省，得了一般的小病也就硬扛着不去医院，往往导致有的小病被拖成了大病。同时由于家庭账户中的资金有限，对门诊疾病起的补贴作用也有限，所以部分农牧民基本都未动用账户中的基金，从而造成门诊基金大量沉淀，利用率低，农牧民不能直接感受到新农合的优越性，没有起到互助公济的作用。

针对这种情况，赤峰在新农合的政策制度方面进行了创新，独创了门诊观察政策。即对需要在医院进行处置、输液但不需要住院的患者，在门诊治疗发生的费用中进行报销。主要通过以下三个方面实现。一是在民意调查的基础上，重新统筹分配新农合基金，按基金总数的30%提取门诊统筹基金，即每人每年提取45元，用于保障门诊基本医疗，满足参合群众常见病、多发病的诊治需要。二是本着引导合理就医的原则，门诊观察的费用补偿金额采取年度封顶，报销比例基本持平或稍高于住院补偿。首先确定补偿项目，即普通门诊、门诊观察和其他补偿，并根据补偿项目对门诊统筹基金进行再分配，普通门诊、门诊观察和其他补偿的基金分配分别为20元、20元和5元。三是加强日常监管，严把入院指标关，旗乡两级监察人员不定时查床，坚决控制门诊转住院现象。同时，审核人员也加大了对定点医疗机构检查、诊疗、用药等方面的监审力度，真正杜绝"小病大看"、"小病开贵药"、"不必要检查"等现象。

首先，门诊观察的实施，大病小病都能得到报销保障，一般的头疼感冒也可以得到新农合的补偿，防止小病拖成大病。使更多的参合农牧民能够从中获得实惠，扩大了受益面。其次，门诊观察的开展，也使参合群众的受益水平得到进一步提高。以前像感冒输液这样的小病，患者的治疗总费用一般都在住院起付线上下，对参合的农牧民来说，如果不住院，费用得不到补偿，如果住院，扣除起付线的金额后，报销金额所剩无几。门诊观察恰好解决了这一矛盾，不但使参合农牧民的受益水平得到进一步的提高，同时还明显降低了医药费用，有效控制医药费用的不合理上涨。再其次，门诊观察不设起付线，且报销手续简单，方便操作，受到了参合农牧民以及医疗机构的普遍欢迎，从根本上扭转了挂床住院，住院率一直居高不下的现象。最后，门诊观察更合理地引导了参合农牧民及时就近就医，形成了观察在乡镇、住院在旗县的病人流向，初步实现了小病不出村，常见病、多发病不出乡镇，大病不出旗县，疑难病症才去大医院的目标，合理引导了参合农牧民理性就医，扩大了门诊受益面。

(五) 新农合工作的持续改进

1. 统一政策措施，注重政策的普惠性

2011年，赤峰全市针对新农合的工作，提出了"十统一"的工作要求，即统一筹资机制、统一筹资标准、统一参保对象、统一起付线、统一封顶线、统一补偿水平、统一结报方式、统一门诊慢性病定额补偿病种范围、统一诊疗目录、统一将国家基本药物目录（基层医疗机构配置使用部分）和《内蒙古自治区基层医疗卫生机构基本药物增补目录》纳入新农合用药目录。努力实现全市范围内政策标准统一、待遇水平统一、经办流程统一、信息系统统一，做好新农合市级统筹的前期准备工作，保证参合农牧民公平享有新农合这项惠民政策。

2. 加强新农合信息化建设，提高新农合工作效率和服务质量

2009年赤峰就已经实现了全市参合农牧民在县域内就医补偿及时结报，部分旗县已经将信息化建设延伸到村级。截至2010年年底，村级农合信息系统已经在宁城县、翁牛特旗、松山区的758个村卫生室开始投入使用，同时剩下的包括巴林左旗、敖汉旗、林西县、红山区和元宝山区等旗县也已于2012年完成了村级农合信息系统建设，实现了县乡村农合三级信息化网络覆盖。

2010年赤峰完成了新农合市级平台建设，实现了全市新农合工作网络互连，已经成功与全市 12 个旗县区新农合管理经办机构的管理系统完成对接。在市级定点医疗机构搭建并开始运行新农合市级转诊平台，实现了全市范围内参合人员异地就诊现场直补、及时结报，实现参合农民就医"一证通"，参合患者出院就能及时拿到新农合报销款，使参合农牧民真正享受到方便快捷的医疗服务。通过市县乡村四级信息化管理网络加强资金使用和服务行为的监督，促进合理医疗，确保农牧民受益，使新农合管理工作提升到新的水平。

2011 年赤峰实现了市级新农合信息平台与自治区信息平台、旗县区平台联网，与定点医疗机构信息管理系统实现对接，在全市范围内实行"一卡通"和网上即时结报。目前已建立了覆盖各旗县区卫生局（新农合管理平台、区域卫生信息平台）、二、三级医院，市直各公共卫生机构的市级卫生专网。在旗县区也建立起覆盖本辖区基层医疗服务卫生机构（旗县区综合医院、中蒙医院、专业公共卫生服务机构、社区卫生服务中心、苏木乡镇卫生院和嘎查村卫生室）的局域专网，用于信息数据的传输。下一步，赤峰全市医疗卫生专网将按计划完成新农合信息系统的统一网络接入，同时，将新农合信息系统与基于居民电子健康档案的区域卫生信息平台、电子病历等系统进行整合，建立一个覆盖全市卫生机构的信息化网络平台。

3. 新农合与基层综合改革同步推进，扎实做好农村牧区卫生工作

新农合工作和基层医疗卫生机构综合改革是当前医改工作的两项重要内容，二者息息相关，紧密联系。只有将新农合保障和基层卫生服务能力同时抓，两方面的工作都不能松懈，尽量在基层解决牧民的就医问题，才能保证新农合的健康发展。近年来，赤峰一方面进一步加强了对农村牧区卫生基础设施的建设力度，同时，不断通过完善体制机制，规范管理，提高服务水平，使新农合制度在缓解农牧民群众"因病致贫和返贫"的作用得以充分发挥。另一方面，充分发挥新农合制度的推动作用，进一步加大国家基本药物制度、乡村卫生服务一体化管理、嘎查村卫生室信息化建设、苏木镇卫生院等级评审等工作力度。同时，应用现代信息技术，对农村牧区卫生管理实行流程再造，有力推动基层医疗卫生机构综合改革的深入开展。

(六) 新农合工作的问卷调查

为了深入了解牧民对新型农村牧区合作医疗的接受意愿以及参保情况,我们特地在敖汉旗(2009年作为新农保工作试点)的牧区进行了问卷调查,共发放问卷120份,涉及4个嘎查村,其中回收问卷119份,共计119位16岁以上的牧民(非在校学生)接受了此次调查(见表6-10)。

表6-10　新型农村牧区合作医疗的接受意愿以及参保情况问卷调查

问题	选项	人数	比例(%)
1. 是否自愿参合(119人)	是	106	89.08
	否	2	1.68
	未参加	11	9.24
2. 是否愿意继续参合(108人)	是	105	97.22
	否	2	1.85
	到时候再看	1	0.93
3. 最重要的参与原因是什么(108人)	可以报销部分医疗费	57	52.78
	得了大病可以有医保补偿	35	32.41
	感觉有保障	6	5.56
	看到别人参加,自己也参加	8	7.41
	村里干部动员	2	1.85
4. 不愿参与的原因是什么(11人)	报销太麻烦	2	18.18
	自己不会得病,每年的钱白交了	5	45.45
	已经参与其他保险	0	0
	经常在外务工,在外地住院又不能报销	3	27.27
	报销额度太小,没必要	1	9.09
5. 认为大病住院报销比例是否合理(108人)	过高	0	0
	还可以	96	88.89
	过低	12	11.11
6. 门诊观察制度好不好(108人)	好	99	91.67
	还可以	4	8.33
	不好	0	0
7. 可报销的药品和诊疗范围充足度(108人)	足够	58	53.70
	不够	34	31.48
	不清楚	16	14.81
8. 参合赔付率是否合适(108人)	合适	79	73.15
	限制条件太多	29	26.85

1. 是否自愿参加新型农村牧区合作医疗保险

从问卷调查的结果可以看出，在119位接受调查的牧民当中，有108位牧民参加了新型农村牧区合作医疗保险，参合比例高达90.76%。在参加新型农村牧区合作医疗保险的牧民当中，有106位牧民表示当时是自愿参加，而有2位牧民并非主动参加。

2. 是否愿意继续参加新型农村牧区合作医疗保险

接下来对已参加新型农村牧区合作医疗保险的108位牧民进行了问卷调查，其中有105位牧民表示愿意继续参加新型农村牧区合作医疗保险，占参保总人数的97.22%，有2位牧民表示不愿继续参加，还有1位牧民表示等等再看。

3. 参加的最重要原因是什么

根据调研发现，牧民参加新型农村牧区合作医疗保险主要的原因有以下五点：(1) 可以报销部分医疗费；(2) 得了大病可以有医保补偿；(3) 感觉有保障；(4) 看到别人参加，自己也参加；(5) 村里干部动员。

为了进一步了解牧民参加新型农村牧区合作医疗保险的真实感受，我们对108位已参加新型农村牧区合作医疗保险的牧民进行了问卷调查，统计并分析牧民参加新农合的最重要的原因是什么。统计发现，57位牧民认为参加新型农村牧区合作医疗保险最重要的原因是可以报销部分医疗费，占到总调查人数的52.78%；有35位牧民认为参加新型农村牧区合作医疗保险最重要的原因是得了大病可以有医保补偿，占到总调查人数的32.41%；有6位牧民认为参加新型农村牧区合作医疗保险最重要的原因是感觉有保障，占到总调查人数的5.56%；有8位牧民认为参加新型农村牧区合作医疗保险最重要的原因是看到别人参加，自己也参加，占总调查人数的7.41%；还有2位牧民表示，自己参加新型农村牧区合作医疗保险最重要的原因是村里干部的动员，占总调查人数的1.85%。由此可见，参加新型农村牧区合作医疗保险可以报销部分医疗费并且得了大病可以有医保补偿，是绝大多数牧民积极参与的主要原因，也正是这一点使得牧民和城里人一样可以享受到社会医疗保障，并在很大程度上减少了过去牧民常常因病致贫和因病返贫问题的出现。

4. 不愿参与的原因是什么

根据调研发现，牧民不愿参加新型农村牧区合作医疗保险的主要原因有以下五点：（1）觉得报销太麻烦；（2）自己不会得病，每年的钱白交了；（3）已经参与其他保险；（4）经常在外务工，在外地住院又不能报销；（5）报销额度太小，没必要。

为此，我们对未参加新型农村牧区合作医疗保险的11位牧民进行了问卷调查，其中有2位牧民认为觉得报销太麻烦，所以没参加新型农村牧区合作医疗保险，占总调查人数的18.18%；有5位牧民认为自己不会得病，每年的钱白交了，占总调查人数的45.45%；有3位牧民没参加新型农村牧区合作医疗保险是因为经常在外务工，而在外地住院又不能报销，占总调查人数的27.27%；还有1位牧民认为参加新型农村牧区合作医疗保险报销额度太小，没必要，占总调查人数的9.09%。在这些原因当中，随着新型农村牧区合作医疗保险工作的不断完善，以及全国医疗保险信息统一平台的建立，跨地医疗报销问题将得到进一步解决，报销程序也将越来越简化。同时，政府将不断加大对农村牧区民生的投入，看病报销的比率也会有所提高，农牧民的医疗保障将得以进一步提高。除此之外，还应加大新型农村牧区合作医疗保险的宣传力度，让更多的牧民了解和认识新型农村牧区合作医疗保险的益处，不断增强医疗保险意识。

5. 认为大病住院报销比例是否合理

问卷调查发现，有96位牧民认为目前大病住院报销比例还可以，占调查总人数的88.89%；有12位牧民认为目前大病住院报销比例偏低，占调查总人数的11.11%。由此可见，绝大多数牧民认为目前大病住院的报销比例还是比较合理的。

6. 门诊观察制度好不好

问卷调查发现，有99位牧民表示门诊观察制度好，占到总调查人数的91.67%；有9位牧民认为门诊观察制度还可以，占到总调查人数的8.33%。

7. 可报销的药品和诊疗范围充足度

可报销的药品和诊疗范围是牧民比较关心的问题之一，在108位已参加新型农村牧区合作医疗保险的牧民当中，有58位牧民表示当前可报销的药品和诊疗范围已经足够，占到总调查人数的53.70%；有34位牧民认为当前可报销的药品和诊疗范围比较小，充足度不够，占到总调查人数的

31.48%；还有16位牧民表示对可报销的药品和诊疗范围不是太清楚，这部分占到总调查人数的14.81%。由此可见，新型农村牧区合作医疗保险政策的宣传仍然有待加强，相关部门应适时开展宣传活动，加大对新型农村牧区合作医疗保险政策的宣传力度。另外，随着政府对民生投入的增加，新型农村牧区合作医疗保险可报销的药品和诊疗范围也会不断扩大，在更大范围内满足牧民的医疗需求。

8. 参合赔付率是否合适

在问卷调查中发现，有79位牧民认为参合赔付率合适，占总调查人数的73.15%；但也有29位牧民认为参合赔付的限制条件太多，占总调查人数的26.85%。新型农村牧区合作医疗保险对于商业保险的引入是一个新的尝试，个人+政府（单位）+市场的模式应该是社会医疗保险未来发展的一个趋势，随着工作的不断完善，农牧民的社会医疗保障将得到大幅提升。

（七）结论与政策建议

通过上述分析可以看出，虽然目前牧区的基层卫生条件仍存在许多不足，但近年来医疗服务的不断完善使得牧民的基本医疗需求得到解决，除了大病、难病需要到旗县或市医院求诊以外，普通疾病都能就近得到快捷方便的治疗，这在很大程度上解决了当地牧民看病难的问题。在美国许多中西部的农业州，也存在地广人稀，农牧民居住分散的问题，许多小镇上甚至没有医疗服务机构，往往都是几个镇共享一个医疗服务机构。这样的好处是避免了医疗资源的过度分散，而医疗资源的适度集中则可以提供更优质的医疗服务。那么，在中国的牧区为什么不这么做呢？原因有以下三点。一是家庭经济条件不具备。在美国几乎每个家庭都有1~2辆汽车，家人得病开车去就近的医院十分方便，而我国牧区的牧民家庭收入相对较低，除了少数富裕家庭有汽车以外，绝大多数牧民家庭都没有车，要是医院比较远，看病的确很困难。二是社会医疗救助体系不完善。美国有着较为完善的社会医疗救助体系，即使在偏远的小镇，一旦有突发病状，可拨打医疗救援电话，就近的医院会迅速派医务人员随车前往，在紧急情况下甚至可租用医疗直升机迅速实现救援。而在国内牧区，完善的社会医疗救助体系尚未建立，一旦有突发病状，而就近没有医疗机构可以及时送往治疗，那后果将难以想象。三是随着经济社会的不断进步，当以上两个条件在牧区都可以实现时，可以考虑向美国医疗资源适度集中的模式发展，从而为牧民提供更为优质的医疗服务。

另外，随着新型农村牧区合作医疗保险的实施和推广，广大牧民开始享受到社会医疗保障的福利，不仅小病治疗可以得到报销，大病治疗在一定比例下也能得到补偿。但需要看到的是，目前城乡医疗保险的差距仍然很大，特别是新型农村牧区合作医疗保险和城镇职工医疗保险之间的差距较大，主要表现在保险的费用缴纳、报销金额、报销比例以及报销的范围上，城镇职工的医疗保险都要优于新型农村牧区合作医疗保险。因此，要缩小牧区城乡医疗卫生保障差距，政府还需要继续提升公共卫生服务能力，逐步提高政府补助标准和农牧民看病报销比例，提高统筹层次，让参加新型牧区合作医疗的农牧民都能享受到更多的社会保障，从而减少因病致贫、因病返贫现象的发生，进一步缩小城乡差距。

第3节 牧区社会养老保险

建立农村牧区社会养老保险制度，是促进我国农村牧区改革、发展、稳定的一项重要政策，也是保障农牧民利益，解除农牧民后顾之忧的重要措施。对于确保老年农牧民的基本生活，推动农村牧区减贫和逐步缩小城乡差距，维护农牧区社会稳定，具有重大意义。

一、旗县牧区社会养老保险自行试点工作情况

赤峰市新型农村牧区社会养老保险试点工作开始于2005年，先后有敖汉旗、喀喇沁旗和林西县依次开展了自行试点工作。2009年、2010年敖汉旗和喀喇沁旗分别依次成为国家新型农村社会养老保险试点旗县，到2011年，林西县、克什克腾旗、巴林右旗和翁牛特旗也被纳入国家新型农村社会养老保险试点旗县序列。截至目前，赤峰全市新农保试点工作进展顺

第 6 章
牧区社会服务化程度分析

利,这项惠民政策也得到了当地牧民的积极拥护。

敖汉旗、喀喇沁旗属于赤峰市发展比较落后的旗县,其财政收入排名和牧民纯收入排名在全市都比较靠后。在经济条件较为落后的情况下,敖汉旗和喀喇沁旗大胆实践,探索出"个人缴纳,集体补助,财政补贴,互助共济"的新农保模式,开启了贫困牧区尝试新农保的先例,让辖区广大农牧民适时品尝到社会发展成果。

在 2009 年 9 月《国务院关于开展新型农村社会养老保险试点的指导意见》出台之前,敖汉旗、喀喇沁旗这两个自行试点旗县在制度设计上有很多相似之处:农牧民参保年龄为男 20~60 岁,女 20~55 岁;退休年龄为男 60 岁,女 55 岁;在养老金计发设计上,可保证参保农牧民在退休 5~6 年内领回自己缴费的全部本息,剩下生命期内的养老金通过互助共济和政府补贴共同支付。

敖汉旗新农保自行试点缴费标准是:按上年全市在岗职工平均工资的 15%、20%、30% 三个档次计算,费率为 15%。将投保人回本保证期设定为 5 年,即参保农民退休后 5 年之内就能领回自己缴费的全部本息。例如,2006 年的缴费标准,设 2005 年全市在岗职工平均工资为每月 1055 元,全年工资总额为 12660 元。如果参保人选择 15% 的档次,2006 年应缴保费 284.85 元(12660×15%×15%=284.85)。设定今后全市每年在岗职工的工资平均增长 1800 元,以后个人缴费每年递增 40.5 元(1800×15%×15%=40.5)。新方案规定,参保农牧民缴费年限不能低于 20 年;连续缴费满 20 年后,可以停缴,退休时领取基本养老金;也可以继续缴纳,退休待遇相应提高;到退休年龄时缴费不足 20 年的,可以向前追缴;有钱的农牧民还可以预缴。给付标准远远高于旧方案。其设计理念是:新农保支付标准高于农牧民最低生活保障线,低于城镇职工养老保险最低标准,让参保农牧民在 5 年内就能领回自己的全部本息。如 2006 年的参保者,选 15% 的档次,连续缴费 20 年后,共缴纳本金 10643.5 元。退休时每月享受 202 元养老金,一年就能领回 2424 元,4.35 年就能把自己缴纳的本金全部领回。

喀喇沁旗新农保自行试点缴费标准是:按上年全市在岗职工平均工资的 5%、10%、15% 三个档次设计,可以预缴、不定期缴和按规律正常缴,由参保农牧民自由选择。将投保人回本保证期设定为 6 年，6 年以后的养老金靠互助共济和政府补贴。

截至 2009 年 6 月末，赤峰全市新农保基金滚存结余达 2.9 亿元，参加新农保总人数为 80229 人，其中退休农牧民 9089 人。敖汉旗自行试点新农保每月可领取养老金最高 372 元，最低 85 元，平均 180 元。喀喇沁旗自行试点新农保每月领取养老金最高 1157 元，最低 60 元，平均 244 元。林西县自行试点新农保每月领取养老金最高 815 元，最低 136 元，平均 690 元。[①]

敖汉旗、喀喇沁旗和林西县的自行试点工作，不仅积累了经验，调动了广大农牧民的参保积极性，同时也为全面开展新型农村牧区社会养老保险工作打下了良好的基础。

二、牧区社会养老保险工作情况

2009 年 9 月，《国务院关于开展新型农村社会养老保险试点的指导意见》的出台，明确提出了要通过探索建立个人缴费、集体补助、政府补贴相结合的新农保制度，实行社会统筹与个人账户相结合，保障农村居民老年基本生活。同时，要求 2009 年试点覆盖到全国 10% 的县（市、区、旗），以后逐步扩大试点，并在全国普遍实施，力争于 2020 年之前基本实现对农村适龄居民的全覆盖。

为进一步完善农村牧区社会保障体系，保障农牧民老年基本生活，2009 年 10 月，内蒙古自治区政府根据《国务院关于开展新型农村社会养老保险试点的指导意见》，结合自治区实际，制定了《内蒙古自治区新型农村牧区社会养老保险试点办法》。具体包括以下三方面内容。

（1）年满 16 岁（不含在校学生）的农村牧区居民，均可在户籍所在地自愿参保。新型农村牧区社会养老保险基金主要由个人缴费和政府补贴构成，并鼓励农村牧区嘎查村集体、其他经济组织、社会组织和个人为参

---

① 笔者根据《敖汉旗新型农村牧区社会养老保险试点意见实施细则》、《喀喇沁旗新型农村社会养老保险试点实施方案》整理。

保人缴费提供资助。

个人缴费：参保人应按年缴纳养老保险费。年缴费标准分为 100 元、200 元、300 元、400 元、500 元五个档次，各地可根据实际情况适当增设缴费档次。参保人自主选择档次缴费，多缴多得。

政府补贴：政府对参保人员缴费及领取的基础养老金给予补贴，分别列入各级财政预算。对参保人实行缴费补贴：缴费金额为 100 元的，补贴标准为 30 元，缴费每提高一个档次，增加补贴 5 元，最高补贴 75 元；对重度残疾人、城乡低保户等，由政府按 100 元的标准为其代缴养老保险费，允许个人增加缴费，缴费后按照相应档次享受缴费补贴。参保人缴费补贴、政府代缴部分以及自治区提高的基础养老金，由自治区各级财政负担。自治区原则上负担全区补贴总额的 50%，盟市至少负担 25%，其余部分由旗县（市、区）负担。自治区补贴依据各盟市财力状况划分为三类，重点向困难地区倾斜：一类地区补助 40%，二类地区补助 50%，三类地区补助 60%。在上述标准基础上，盟市、旗县（市、区）可以根据财力状况适当提高补贴标准，提高部分由当地财政负担。自治区将根据经济发展和城乡居民收入增长等情况，适时调整缴费档次和补贴标准。

（2）为参保人建立终身记录的养老保险个人账户。个人缴费，地方政府对参保人的缴费补贴，集体补助及其他经济组织、社会公益组织、个人对参保人缴费的资助，全部记入个人账户。个人账户资金只能用于参保人年老时的养老，不得提前支取或挪作他用。参保人死亡，个人账户中的资金余额，除政府补贴外，可以依法继承；政府补贴余额用于继续支付其他参保人的养老金。

（3）养老金待遇则由基础养老金和个人账户养老金组成，支付终身。并根据国家有关规定及自治区经济发展和物价变动等情况，适时调整全区新型农村牧区养老保险基础养老金的最低标准。

基础养老金：基础养老金为每人每月 60 元（中央财政补贴 55 元，自治区财政补贴 5 元），在此基础上，自治区政府对年满 70～79 岁的参保人员另加 10 元，年满 80 岁及以上的另加 20 元。参保人选择 200 元及以上档次并且累计缴费超过 15 年的，每多缴 1 年，基础养老金提高 2 元。

个人账户养老金：个人账户养老金月计发标准为个人账户全部储存额

除以139（与现行职工基本养老保险个人账户养老金计发系数相同）。

参保人年满60岁，可按月领取养老金。新型农村牧区社会养老保险制度实施时，已年满60岁，未享受职工基本养老保险以及国家规定的其他养老待遇的，不需缴费，可以按月领取基础养老金；距领取年龄不足15年的，应按年缴费，也可补缴，但累计缴费年限不超过15年，补缴部分享受政府补贴；距领取年龄超过15年的，应按年缴费，累计缴费年限不少于15年。

由于敖汉旗、喀喇沁旗和林西县之前自行试点实施的新农保政策与国家、自治区后来出台的新农保试点政策相差较大，因此，为减少转轨成本，赤峰市社会保障局下发了《关于停止按地方农保政策办理新农保业务的通知》，明确规定敖汉旗自行试点截止时间为2009年10月31日，喀喇沁旗和林西县自行试点截止时间为2010年9月30日。并要求敖汉旗、喀喇沁旗和林西县按照有关规定及时与国家、自治区的新农保试点政策进行转换对接，以便于统一操作。具体做法包括：对已退休并按各旗县自行试点政策开始领取养老金的人员，继续按照原标准领取养老金；对之前已按各旗县自行试点政策参保，现已年满60岁的参保人员，参照自治区新农保试点办法重新计算养老金，并与原地方自行政策计发的养老金相比较，就高执行。对按各旗县自行试点政策参保，但未到60岁的人员，敖汉旗采取多种方式自愿选择。一种是老人老办法，继续按原标准缴费，退休后仍按原标准领取养老金，待其领取待遇额与按试点政策计发待遇持平后，再随同试点政策调整养老金。另一种是按新农保政策设定的缴费档次参保缴费，原缴费金额全部进入个人账户，原缴费年限和新缴费年限合并计算。享受新农保政策规定的政府缴费补贴、基础养老金和其他待遇。喀喇沁旗则终止原地方制定的缴费办法，达到60岁时，按自治区新农保试点办法计算养老金，并与老办法养老金比较，就高执行。对于在批准成为国家新农保试点旗县后新参保的人员，则全部按自治区新农保政策执行。

考虑到不同农牧民家庭的经济情况以及对养老保险缴纳金的承受能力，试点旗县在《内蒙古自治区新型农村牧区社会养老保险试点办法》的基础上，进行了更多的实践创新探索。比如，根据《敖汉旗新型农村牧区社会养老保险试点工作意见实施细则》，对于重度残疾人以及农村牧区的低保户，将由自治区、市、旗三级财政按比例为其代缴养老保险费 100 元。另外，为鼓励农牧民多缴多得，喀喇沁旗农村牧区社会养老个人缴费项共设定了 10 个档次，分别为 100 元、200 元、300 元、400 元、500 元、800 元、1000 元、1500 元、2000 元和 2500 元，参保农牧民可自主选择 100～2500 元的缴费档次，不同收入阶层的农牧民选择多样化，极大地增加了农民参保的积极性。

截至 2011 年 7 月末，敖汉旗和喀喇沁旗已有 42.1 万农牧民参保登记，占应保人数（54.6 万人）的 77%，其中 21.5 万 16～59 岁的农牧民参保缴费，占应参保缴费人数（45.6 万人）的 47%，新农保基金累计结余 4.24 亿元。共计 89317 名 60 岁以上符合条件的农牧民已经领取了养老金，占 60 岁以上农牧民（93922 人）的 95%。新农保政策让试点地区的农牧民率先品尝到了老有所养的社会发展成果，使 60 岁以上的老年人的生活水平得到了提高，有效促进了老年人家庭的和谐幸福。

从 2011 年开始，除敖汉旗和喀喇沁旗两个全国试点旗县以外，林西县、克什克特旗、巴林右旗和翁牛特旗也被纳入国家新型农村牧区社会养老保险试点旗县序列。这些进入试点的旗县，目前已完成了对当地农牧业人口的信息调查工作，并对不同年龄结构的农牧民进行分类统计，确定了符合新型农村牧区社会养老保险参保条件的人员，为养老保险试点工作的后续开展奠定了良好的基础。

三、基于牧区社会养老保险工作的问卷调查

由于克什克特旗、巴林右旗和翁牛特旗这三个牧业旗的社会养老保险工作开展不久，参保人数有限。因此，为了进一步了解牧区的牧民对国家新型农村牧区社会养老保险的接受意愿及参保情况，2011 年 9 月我们在敖汉旗的牧区进行了关于新农保的实地调研和问卷发放，并获得了一定量的样本数据。此次问卷调查在敖汉旗牧区共发放问卷 70 份，涉及 3 个嘎查村，收回问卷 69 份，共计 69 位 16 岁以上的牧民（非在校学生）接受了此次调查（见表 6-11）。

表6-11　敖汉旗牧区牧民对国家新型农村牧区社会养老保险的接受意愿及参保情况调查

人口年龄结构	16岁以上人数	16~29岁人数	30~39岁人数	40~59岁人数	60岁以上人数
调查人数（人）	69	10	21	24	14
愿意参保人数（人）	58	3	17	24	14
已参保人数（人）	52	3	12	23	14
愿意参保比例（%）	84.1	30.0	81.0	100.0	100.0
已参保比例（%）	75.4	30.0	57.1	95.8	100.0

通过调查问卷统计结果可以发现，问卷调查的14位60岁以上的牧民都愿意并已经参加了国家新型农村牧区社会养老保险，因为按照《内蒙古自治区新型农村牧区社会养老保险试点办法》规定，新型农村牧区社会养老保险制度实施时，已年满60岁，未享受职工基本养老保险以及国家规定的其他养老待遇的，不需缴费，可以按月领取基础养老金。基础养老金发放标准为每人每月60元（中央财政补贴55元，自治区财政补贴5元），在此基础上，自治区政府对年满70~79岁的参保人员另加10元，年满80岁及以上的另加20元。这样一来，60岁以上的牧民在无须缴纳任何费用的条件下，每年至少都可以领取到720元的养老金，所以这一年龄段的牧民参保积极性都挺高。

相比之下，16~29岁的牧民对参加国家新型农村牧区社会养老保险并不是很积极。在问卷调查中，10位牧民仅3位表示愿意并参加了新农保，剩下7位未参保的牧民表示暂时还没有参保的意愿，一方面，他们普遍认为自己还比较年轻，离退休领取养老金的时间还早，即使要参保也可以再等几年，反正只要交够15年就行。另一方面是认为养老金太少，对他们来说没有太大的吸引力。而已参保的3位牧民之所以选择参保，主要也不是为自己，其参保主要是为了能让年龄超过60岁的父母领取到基础养老金。因为，为了扩大参保的覆盖面，促进符合条件的人员及早参加新型农村社会养老保险，同时也为了更好地引导农村牧区中青年居民履行赡养父母的义务，内蒙古自治区要求，年满60岁的老人可以直接按月领取基础养老金，但前提是其符合参保条件的子女应当参保缴费。

这一要求对中青年牧民在是否参加养老保险的选择上影响很大。假设一个家庭，全家有 2 位 60 岁以上的老人，4 个儿女，即使都已成家，那么加上女婿、儿媳，按最低档每人每年缴纳 100 元算，8 个人每年共缴纳 800 元，而 2 位老人每年至少可以领到 1440 元，这样一来，不仅儿女们自己交了养老保险，到 60 岁以后能有一定的生活保障，同时每年也能使老人多拿到 640 元，简单一算，中青年牧民也就愿意参加养老保险了。这种情况在 30~59 岁的牧民当中特别明显，因为他们的父母基本都已满 60 岁，所以他们参加养老保险的积极性也比较高。

但相比之下，40~59 岁的牧民更愿意参加养老保险，毕竟很快就能到享受养老金的年龄了，即使离领取养老金年龄不足 15 年，也允许补缴至 15 年。这样一来，按最低缴费标准算，牧民自己每年缴纳 100 元，15 年需缴纳 1500 元。等到 60 岁以后开始领养老金，每年 720 元的基础养老金 + 130 元（月计发标准为个人账户全部储存额除以 139），共计 850 元，这样不到两年就可以把缴纳的钱拿回来，而且到 70 岁之前共可领取 8500 元。在问卷调查中，40~59 岁的共有 24 位牧民，他们都表示愿意参保，并已有 23 位开始参保缴费，未参保的一位牧民也表示目前自己刚过 40 岁，离领取养老金的时间还早，但过几年后一定也会参保。

对于 30~39 岁的牧民，从调查问卷结果可以看出，21 人当中有 17 人表示愿意参保，但实际参保人数仅 12 人。而这 12 人基本都是因为父母已满 60 岁，为了让老人领取基本养老保险金，按要求才开始参保缴费的。他们都普遍认为自己离领取养老金的时间还早，而且正值中年，家庭生活压力较大，对 60 岁以后的生活暂时未考虑，所以参保的积极性不是太大。

通过以上分析可以看出，40 岁以上的牧民对参加国家新型农村牧区社会养老保险的积极性较大，而 40 岁以下的牧民表现出来的积极性则不是很高。归纳具体的原因可能有以下五点：一是这个年龄段的牧民觉得自己还年轻，退休的生活离现在还太远，无须这么早考虑；二是觉得反正只要缴够 15 年的养老保险费，60 岁以后就能领养老金，所以到时候晚几年再交也不迟；三是觉得自己还年轻，以后可能到城市打工，如果发展得好就不回来了，也用不着参加新农保了；四是觉得相对于目前物价上涨的速度，新农保每人每年 30~50 元的政府补贴以及每月 60 元的基础退休养老金有些偏低，补贴的保障能力不明显，缺少吸引力；五是感觉目前的生活压力已经比较大了，没有太多的能力去考虑或安排很多年以后的事。

四、牧区社会养老保险工作存在的问题

除了牧民参保的积极性以外，在新型农村牧区社会养老保险工作具体实施中，还存在其他一些困难。

（1）老农保参保缴费及年限与新农保如何折算对接缺乏具体的标准。由于敖汉旗、喀喇沁旗和林西县于2005年就开始自行试点开展农村牧区社会养老工作，当时自行试点所制定的很多政策与当前自治区统一的新农保试点政策相比较，待遇差别较大。作为历史遗留问题，这不仅关系到新农保工作的稳定性以及农牧民参保的积极性，同时也不利于新农保信息化统一作业的便捷性。

（2）在当前新农保试点政策中缺少新农保与城镇职工基本养老保险、被征地农牧民基本养老保险的衔接办法，一些进城工作的失地农民如何将新农保转为城镇基本养老保险缺乏具体明确的政策。

（3）新农保工作量大，业务内容多，工作人员负荷比较重，而新农保各级经办管理机构的编制少。尽管有文件规定新农保管理工作的编制可由旗县内部自行调剂解决，但实际情况是旗县当前各部门的编制都已十分紧张，很难进行调剂，从而出现了新农保工作人员编制难以落实的情况。编制不落实，待遇就无法得到根本的保障，相应的工作积极性就会受到影响。

（4）许多牧民对新农保的很多政策和具体的缴费办法不是太了解，牧民了解和获得咨询的渠道有限，还需要进一步加大宣传力度并改进和探索更多有效的政策讲解咨询方式；有些地方政府片面追求投保率，强迫牧民入保，违背了新农保自愿参保的原则，也背离了国家出台这一惠农政策的初衷。

（5）新农保基金难以实现保值增值。新农保基金发展快、规模大，各试点旗县每年基金收缴都以千万计算，基金结存几乎都在亿元左右，而现行基金的增值途径除了存入银行就是购买国债，按银行一年的定期存款利

息来算，每千万元的基金年利息收入只有33万元，这么低的基金收益率不但与不断上升的物价指数、通货膨胀率不相称，更达不到基金增值的目的。

五、政策建议

（1）出台鼓励中青年牧民参保的政策。由于新农保缺少激励中青年牧民长期参保的政策，许多中青年牧民积极性不高，认为现在各方面花销也大，政府补贴也不高，没有必要这么早就开始参保缴费，60岁前缴够也不迟。针对这种情况，建议国家或自治区出台具体的鼓励办法，可以根据不同的年龄段，区别设置参保缴费的标准，旨在鼓励中青年牧民积极参保。因此，下一步的工作可以从制度入手，进一步完善参保缴费的激励机制，激发中青年牧民长期缴费参保的积极性。

（2）建议国家或内蒙古自治区出台自行试点农保缴费政策与新农保衔接的指导意见和办法。按照"就高不就低"的原则，在新农保信息系统内为新老农保政策衔接提供一个折算、补差的途径，并将待遇的差距视为政策变迁的成本，国家和各级财政给予支持。

（3）从人力、财力等多方面加大对新农保的支持力度。首先，由于新农保工作量大，涉及面广，因此，可以在新农保工作人员的编制配备上给予相应的调整和支持。其次，加大各级财政对农保工作的支持力度，确保财政补贴资金按农保发展进度及时足额到位。

（4）加大宣传力度，增强参保意识。充分利用广播、电视和报纸等新闻媒体对新型农村牧区社会养老保险政策进行宣传，同时设立相应的咨询站点和咨询电话，方便牧民就参保政策、缴费程序等问题进行咨询，并得到及时的解答。另外，当前主动咨询和办理新农保的牧民多为60岁以上或接近60岁的老人，国家新型农村牧区社会养老保险政策与他们当前的切身利益直接相关，因此他们对相关政策也十分关注。而中青年牧民更多地从当前利益考虑，认为新农保对他们目前而言并非十分紧要，领取养老金也是未来很多年以后的事情。因此，中青年牧民对新农保政策的关注度不高，参保的意识也较为淡薄，主动咨询和要求参保的人不多。为了进一步增强中青年牧民对新型农村牧区社会养老保险重要性的认识，了解新农保的政策，政府应该加强在宣传上的主动性，特别针对中青年牧民群体，要深入基层，通过走村串户、面对面的方式主动对其进行政策讲解和答疑解惑。同时也要从实际的角度出发，为中青年牧民算经济账，引导中青年牧民用发展的眼光看新农保所带来的利益和实惠，进一步增强中青年牧民参保的意识。

（5）为牧民参保缴费提供便利。由于牧区地域广阔，牧民的居住地与城镇距离较远，这为新型农村牧区社会养老保险的缴费工作带来了诸多不便。如何从方便牧民缴费这一角度出发，创建新的缴费管理模式，既方便牧民每月参保缴费，又可以保证养老保险费的安全。目前，赤峰的牧区社会养老保费由地税部门统一代理征收，由于农业税取消后，乡镇一级地税部门工作人员数量减少，很难实现入户收费、方便群众的初衷。因此，考虑到农村信用社网点分布广的特点，可以尝试由新农保基层组织会同农村信用社工作人员入户宣传、动员收缴的模式，以方便牧民参保缴费。

（6）随着城镇化的进程推进，越来越多的农牧民会进城工作，这就会面临如何实现新农村社会养老保险与城镇居民养老保险相对接的问题。因此，建议自治区政府参照相关文件，并结合实际情况，制订出对接的具体方案和相关政策，以保障进城农牧民的合理权益。

（7）加强对新农保工作人员的业务培训。为了让牧民深入了解新农保政策，积极参与牧区社会养老保险，新农保的工作人员必须要有熟练的业务知识，只有在熟练掌握业务知识的基础上才能够更好地做好政策的宣传和解答工作。与此同时，由于赤峰大多数的旗县作为新农保的试点刚刚开展工作，因此，在工作当中难免会遇到一些之前未曾碰到的问题。在这种情况下，应进一步加强对新农保工作人员的培训，通过组织学习、观摩考察、座谈交流等多种方式不断学习和总结经验，提升自身业务水平和实际工作能力，以保证新农保工作的顺利推进。

（8）尽快实现自治区新农保基金的统一管理，基于新农保基金管理规定，省级农保基金可委托全国社会保障基金会或相关专业机构予以投资管理。这样，新农保基金可以通过存入银行、购买国债以及投资经营等多元化管理，以实现新农保基金的保值增值。

第 7 章

牧区城镇化率提高的实施路径

从牧区的特殊性出发，把牧区的市场化程度和社会服务化程度作为衡量牧区城镇化的两大参考指标，为牧区城镇化的实施和推进提供了重要方向，但这并不意味着城镇化率这个指标就不重要。城镇化，是指农村人口转化为城镇人口的过程。城镇化率即以一个地区城镇常住人口与该地区总人口的比例为计算方式。城镇化的根本意义在于能让更多的农牧民进入城镇享受到城镇市场经济的便利以及城镇社会公共服务的福利。当真正实现城乡一体化之后，城镇化率的测度其实也就失去了意义。而在真正实现城乡一体化之前，城镇化率的测度仍然重要，它是了解城镇发展进程的重要依据，也是衡量城乡差距的重要指标。在当前牧民不愿离开牧场的条件下，如何增加城镇人口，提高牧区城镇化率是本章将要重点讨论的一个问题。

第1节 牧区城镇化率提高的途径

牧区城镇化率的提高，可以有三个途径：一是农牧民进城务工，并在城市或城镇定居落户；二是吸引外地农民到城市或城镇来务工、定居并落户；三是由农村牧区新社区向新城镇过渡。

一、农牧民进城务工，并在城市或城镇定居落户

农村和牧区的农牧民数量减少，而城镇人口增加，城镇化率自然也就增加，这是传统思维下的城镇化途径。然而，就牧区目前的情况来看，大多数壮年和中年的牧民不愿意离开牧场到城市中去，那怎样才能提高城镇化率呢？既然牧民不愿进城，那么农民如果有进城的意愿，吸引农民进城不也可以提高城镇化率吗？要知道，即使是在牧业旗也有农民，他们和农区的农民一样也从事农业生产活动，也像绝大多数农区的农民一样希望能在城市或者城镇有稳定的工作，能够定居生活。因此，吸引牧区的农民进入城市或城镇将是牧区城镇化率提高的一条重要路径。

二、吸引外地农民到城市或城镇来务工、定居并落户

一个城市或城镇的农牧民数量是既定的，城市或城镇人口的数量也是既定的，当城市或城镇的农牧民数量不变，城市或城镇人口数量增加，那么城镇化率自然也会增加。如沿海的一些发达城市或城镇，在这些地方，外来务工人员的数量很多，其中有一部分人通过自己的努力，在这些城市或城镇有了稳定的工作，购买了住房并获得了当地的城镇户口。他们不仅将老家的农村户口转为了外地的城镇户口，成为外地城市或城镇的居民，同时还将自己的配偶和孩子也接到这里，也成为城市或城镇的居民，并获得这里的城镇户口。因此，如果牧区的城市或县城也能吸引外地的农民来这里打工，并在政策允许下，当这些外来务工人员在这里有了稳定的工作、住房并长期缴纳社保，那么可以适当放开城市或城镇的落户限制，将其户口转入本地的城镇户口，从而增加本地的城镇人口数量，实现牧区城镇化率的提高。

三、由农村牧区新社区向新城镇过渡

农村牧区新社区包括以下五个条件：第一，农村牧区新社区要实现园

林化，农牧民生活环境得以美化；第二，农村牧区新社区环境要清洁，生活方式低碳环保；第三，公共服务到位，幼儿园、小学、卫生院、交通、通信等公共服务设施与城区公共服务基本相同；第四，社会保障城乡一体化；第五，社会管理社区化。

对于牧区而言，很多条件比较好的村庄，在社会主义新农村建设过程中有了较好的发展基础，完全有可能建设成为符合以上条件的牧区新社区。而在这样的牧区新社区中，牧民的生活条件已经跟城镇没有太大区别，牧区新社区的牧民能享受到和城镇居民同样的公共服务、社会保障以及舒适的居住条件。那么，牧区新社区是否就已经具备了向新城镇过渡的条件了呢？生活条件与城镇基本相同，生活方式也与城镇居民一样，唯一不同的就是户籍。再想想看，中国有自己的国情，人口众多，它的城镇化不能照搬西方发达国家的经验，西方发达国家80%~90%的人口都居住在城市，如果中国要达到西方发达国家的城市化率，即10亿以上的人口都集中于城市，那么城市居住条件必定恶化，居民生活质量必定下降。中国必须走有中国特色的城镇化道路，农村牧区新社区将是未来新城镇的雏形，也是我国城镇化的一个重要途径。

因此，从提高牧区城镇化率的实施路径来看，可以从多个角度设计"市区建设+小城镇建设+牧区新社区建设"的发展模式。通过市区、小城镇和新社区的协同发展，共同促进牧区城镇化率的提高。

第2节 牧区城镇化率提高的实施路径

以下仍以内蒙古赤峰为例，研究并探索牧区城镇化率提高的实施路径。

一、市区建设

以赤峰市城区为中心，大力发展第二、第三产业，推动产业升级、产业多元和产业延伸，不断增强辐射带动能力，吸引人口就业，提高全市城镇化水平。大力发展工业经济，以项目和产业基地建设为重点，做大做强优势特色产业，把赤峰市城区做强做大，使赤峰市城区成为工业中心、新产业基地，商业、服务业和金融业中心，文化和旅游城市，吸引本市所辖县（旗）农区的农民，以及内蒙古其他市（盟）、县（旗）的农民前来就业并迁居。同时，还要把赤峰建成内蒙古东部出区、达海的重要枢纽，成为蒙东、冀北、辽西的区域物流中心。只要赤峰城区做强做大了，它的辐射范围就会日益扩大到内蒙古自治区以外，会把辽宁朝阳市、河北张家口市和承德市，甚至其他省市的农民吸引到这里来就业、生活并落户于城镇，这样，赤峰市城区的城镇人口就会不断增加，城镇化率也就相应上升了。

中心城区建设的重点是老城区改造、新城区建设和东部工业区建设。2011年赤峰市老城区改造共投入资金44.6亿元，改造扩建街路39条，治理小街小巷60条，老城区环境以及城市配套服务功能得以优化完善。同时，在赤峰市"西移、北扩、东进"的城市发展战略推动下，新城区建设累计投入资金240多亿元，拓展城区面积17平方公里，入驻人口6.5万，现在赤峰市区建成区面积已经达到79平方公里，中心城市人口85万，未来目标是将赤峰打造成为绿色、人文、宜居的百万人口区域性中心城市。

1. 老城区改造

传统城市化是先进行工业化的发达市场国家的城市化模式。当时，城市化与工业化基本上是同步的，缺乏统筹安排，农村人口大量涌入城市，城市中出现了棚户区或贫民窟，环境恶化，空气污浊，用水紧张，交通堵塞，市区过分拥挤，失业激增，社会治安欠佳，以致出现了"反城市化"倾向。为了避免"城市病"的出现，从人的城镇化这一本质出发，应适时将第二产业迁离老城区，让第三产业进入老城区，并对老城区进行改造，优化城市服务功能。使老城区成为商业中心、服务业中心和市民宜居区。

赤峰市红山区针对老城基础设施陈旧、交通拥堵、管网渗漏严重等问题，启动铁南棚户区改造项目，带动南环路（铁南大街）建设和"城中村"改造。2011年市区两级政府共投入资金7亿元，对铁南棚户区进行了一期改造，动迁13万平方米，拆迁安置居民600户。同时，投资3.2亿元启动2567套共13.3万平方米经济适用房、廉租房、公租房建设以及城中村的危房改造工程，不断完善老城区的公共服务、居民消费和居住功能。

赤峰市元宝山区 2011 年共投入资金 2.3 亿元，对老城区的道路、绿化、公用事业等城市基础设施进行改造，城市功能得以进一步完善。另外，完成了 2 处棚户区和 37 万平方米旧小区改造工程，包括路灯节能改造、街路亮化、公用环卫设施改善、平庄污水处理厂系统升级，以及元宝山镇垃圾处理场和大黑山垃圾处理二期工程的开工建设。同时，完成市民广场、平庄乐园三期、古山森林公园建设，逐步形成层次分明的城市绿化景观，并采取政府投入与市场化相结合的方式，建设方便群众、功能齐全的公益性体育场馆、文化娱乐设施，完善城市功能，提高城市品位。

赤峰市松山区 2011 年积极推进 3 片棚户区、20 万平方米旧小区改造，完成了 8 项城区绿化、6 条巷道治理及 3 座垃圾压缩站的改扩建工程，增加南城绿地、水系和休闲娱乐设施，并开始打造南城东侧松州公园、中心政府广场、西侧中昊站前广场和新天地广场、南侧橡胶坝水面和绿地合围的 5 分钟休闲半径圈，从绿色宜居的目标出发重新营造老城区的生活环境。

2. 新区建设

赤峰将实施中心城区带动战略，加快桥北新区、松北新区、小新地组团和党校组团开发建设，推动中心城区向锦山、元宝山方向发展，继续拉大城市框架，为城市人口增加提供条件，确保"十二五"期间把中心城区建成百万人口的大城市。

2011 年，红山工业园区的企业已达 90 多家，销售收入超过 135 亿元。未来将继续完善园区的公共基础设施，推进铁路专线、铁路货场和配套道路建设，适时启动商务生活区建设，逐步完善各项生活配套设施，满足园区企业工人和辖区居民生活需求。同时，按照"一区一主业"的发展要求，推动机械加工园、循环产业园在"就地扩园、异地扩园"上实现新进展，吸纳关联企业、项目和要素集中。另外，把握农畜产品深加工产业发展的有利契机，启动农畜产品加工产业园区二期 2000 亩"七通一平"建设，计划引进国内知名龙头企业，壮大产业规模，提升产业层次，创树名牌产品，努力打造全市乃至蒙东地区一流的绿色农产品加工基地。加快推进红山物流园区中石油和中石化仓储库、冷链物流城、物流信息（青年）创业大厦、利丰汽车公园、汽修汽配城二期、旧车交易二期、公交枢纽站、交通职业技术学院物流分院等十个重点项目。依托园区信息和网络平台，大力发展大宗商品电子交易、期货交易，以及呼叫、软件服务外包等新兴产业，实现与国内重要物流园区信息、交易的全面对接，打造全国物流信息、异地结算、期货交易的重要节点。2011年红山物流园区实现投资20亿元，交易额120亿元，税收3.2亿元，新增就业3000人。现在红山物流园区已经成为蒙东地区最大的以汽车贸易为主的园区，面积达到5500亩，吸纳就业1万多人。

按照元宝山开发区的发展规划及配套政策，将启用开发试验区9平方公里发展备用地，并投资3150万元，完善路网及配套设施。同时，实施园区综合排渣厂、中电投物流公司2000万吨货场扩建工程，进一步提高园区承载能力。推动国电化肥二期、九联煤化二期上马，加快建设伊品生物、润邦结冷胶、光明星复合肥、九桦化工缩水甘油酯项目，逐步拓展与国内领军企业的合作领域，使化工产业成为开发试验区的立园产业。2013年全区计划实施投资3000万元以上工业项目30个，总投资116.8亿元，通过产业集聚实现工业经济的规模发展，进一步增强集聚和辐射效应，吸纳人口就业，带动城镇化水平的提高。

松山区2012年全区实施投资规模超亿元的工业项目12个，全年完成投资34亿元。全区围绕松山信息科技产业园、安庆工业园、当铺地食品轻工园、夏家店中小企业创业园和松山物流园五大发展平台，进一步加强信息科技、机械加工、纺织服装、农畜产品加工、生物制药、现代物流等项目建设，不断壮大园区经济规模。重点推进国维矿业6万吨采选扩建、中电投2×30万千瓦热电联产、大连五甲万京信息科技产业园、15万千瓦风电开发和国电3兆瓦风机叶片制造及总装等项目建设，推动雨润食品加工园、北京蟹岛农畜产品深加工等项目的建设开工，并协助大唐、国电等企业完成大型风电场示范基地项目的前期工作，适时启动主体工程建设。通过园区经济的发展，带动人口向园区集中，促进了工业化和城镇化的良性互动。

二、小城镇建设

以旗县重点镇为中心，通过工业区建设、商业服务业的发展和文化旅游风景区开发，增加城镇人口，提高城镇化率。赤峰市下辖的几个牧区县（旗）要增加城镇人口，应因地制宜，突出特点，有选择地建设一批工贸结合型、交通枢纽型、文化旅游型重点小城镇，主要依靠工业区的建设、商业服务业的发展和文化旅游风景区的开发。这些县（旗）城镇人口的增加和城镇化率的提高，主要不是靠本县（旗）的牧民进城居住，而是靠本县（旗）、外县、外省市农民的进城落户。只要这些县（旗）经济发展了，就业机会就会增加；只要这些县（旗）的城镇建设规模扩大了，就可以容纳本县（旗）、外县、外省市农民及其家属前来城镇落户，这样，这些县（旗）的城镇化率也将上升。

赤峰市共有116个乡镇苏木，其中建制镇有81个，占全市乡镇总数的70%，包括9个城关镇，34个市级重点镇，38个普通镇。34个市级重点镇的行政区域总面积21049.83平方公里，占全市面积的20%，平均每个重点镇行政区域面积为600平方公里，镇区占地面积达71.28平方公里，平均每个重点镇镇区占地2.16平方公里。2010年，赤峰全市重点镇总人口达115.78万人，占全市总人口的23%，实现财政总收入6.46亿元，平均每个重点镇实现财政收入1900万元。在34个重点镇中，距离本旗县区50公里以内的有17个，占重点镇总数的50%；60公里以内的有26个，占到总数的76%。从人口数量来看，5万以上人口的重点镇有8个，占重点镇总数的24%；3万以上人口的镇18个，占重点镇总数的55%。34个重点镇镇区人口总数达22.87万人，平均每个重点镇镇区人口达到0.72万人。镇区人口在1万人以上的重点镇有7个，占重点镇总数的20%；5000人以上的重点镇有20个，占重点镇总数的59%。从建成面积来看，在1.5平方公里以上的重点镇有20个，占重点镇总数的59%；建成面积在2平方公里以上的重点镇有19个，占重点镇总数的56%。[1]

（一）小城镇建设所存在的问题

当前赤峰市小城镇发展多存在的问题主要有以下五个方面。

1. 城镇规模偏小，带动和辐射能力不强

从镇区占地面积来看，不足3平方公里的城镇达27个，占全部小城镇

---

[1] 笔者根据《赤峰市政府工作报告》整理。

的79.4%；而占地3平方公里以上的只有7个，仅占全部小城镇的21%。一般而言，小城镇总人口应在5万人以上、镇区人口2万人以上才能产生一定的聚集效应。而在赤峰34个重点镇中，镇区人口在1万人以上的镇只有7个，占建制镇总数的21%。同时，城镇规模层次普遍较低，布局分散，难以形成规模。在这34个重点镇中，有一半的城镇与本旗县区距离超过了50公里，自身所能得到的辐射和带动效应相当有限，这在很大程度上制约着城镇的规模发展。

2. 乡镇企业基础薄弱，产业化水平偏低

小城镇的发展和壮大必须靠产业来推动，靠产业来支撑。赤峰市城镇存在的普遍问题是，产业化水平偏低，缺少有效的产业带动，难以形成人流、物流和信息流，导致有城无市、有城无人等城镇空心化现象存在。具体表现在企业规模较小，多以民营为主；层次偏低，多以矿山、养殖等原料消耗大的企业为主，而技术含量高的企业则很少。大部分龙头企业规模较小，产业化组织松散，产品结构层次低下，且多数企业只从事农副产品初级加工，科技含量和附加值不高，农牧业生产链短。另外，企业布局分散，难以形成规模，小城镇的集聚效应没能得到有效体现。

3. 基础设施落后，公共服务功能薄弱

小城镇基础设施建设的投入明显不足，导致小城镇基础设施发展滞后。市政基础设施历史欠账多，城镇基础设施服务功能薄弱，绿化覆盖率低，道路等级低，路况差，停水停电现象时有发生。

4. 缺少科学规划，建设盲目性很大

部分小城镇尚未编制城镇总体规划，有些编制的规划年代也已久远，甚至有1990年前编的（最早的编于1985年），已经失效。即使在已经编制城镇总体规划的城镇中，目前除了少数小城镇外，多数小城镇都没有编制控制性详细规划。离开控制性详细规划，总规的实施就缺乏具体指导，将难以保证建设工作的顺利开展与实施。镇与镇的规划雷同，缺少特色。规划水平低，缺少现代化城镇建设的理念，规划思路仍以马路经济为主，沿马路规划开发，这样不仅会增加环境治理成本，同时也影响城镇的整体美观。另外，在小城镇规划的管理和实施过程中，随意性和盲目性大，存在规划随领导变动而变动的现象，直接影响了规划的权威性和稳定性，其结果是必然造成大量资源的浪费。

5. 城镇建设资金短缺，投融资渠道单一

目前，城镇建设过程中的普遍问题就是建设资金不足。根据统计测算，每增加1个城镇人口，涉及公共服务投入3万~5万元，按照这一数据，城镇化基础建设资金需求量庞大。而目前农村牧区城镇建设的投融资体制比较单一，投资的来源仍以财政资金为主。而在乡财县管的财税体制下，乡镇财政不独立，属于报账式财务，除了维持政府日常工作开展，保证工资发放，也没有多余的财政资金投入到城镇建设。对于旗县而言，赤峰市9个旗县中就有8个是国家级贫困县，旗县一级可支配财力较少，无力拿出足够的资金用于城镇化建设，资金短缺成为制约城镇化进程的最大瓶颈。

（二）小城镇建设的政策建议

（1）国家应加大对中小城镇基础设施、公共服务设施等建设资金的补贴力度，重点加大对农村牧区城镇建设规划、基础设施、危房改造等方面的资金补贴。在严格土地审批程序的前提下，增加城镇建设用地供给，适当提高土地出让金小城镇建设留成部分，专项用于小城镇基础设施建设。积极拓宽小城镇建设融资渠道，大力推行投资主体和建设方式改革。鼓励个人、集体和外商带资进镇，参加小城镇的建设与开发，打破以前乡镇级政府为单一投资主体的旧模式，把城镇建设推向市场，使投资主体由单元化向多元化转变。同时，对规划区内的土地实行政府收购储备，统一规划、统一征用、统一出让、统一管理，利用土地级差的积累，建立资金平台。对热点开发区段，以项目为载体，吸引商客投资。加大招商引资力度，鼓励民间和社会现实资金投向小城镇建设。引导金融部门推出并完善小城镇建设专项贷款业务，就贷款年限、偿还方式、利息等方面予以照顾，进一步拓宽筹融资渠道。稳步推进基础设施和公用事业市场化运作的步伐，引导个体资本、民间资本、外资参与城镇供水、排水、道路、绿化等项目建设。如对城镇内长期闲置、使用效益不高的存量土地采取竞价拍卖的方式出让土地使用权，拍卖收益全部用于城镇建设。对城镇公益设施如水厂、厕所、路灯广告权等，采用公益拍卖的方式，聚集城镇建设发展资金。对可经营的城镇基础设施，都可尝试将其所有权和经营权剥离，采取卖、租、抵押等办法推向市场，广泛吸引民间资金投入城镇建设。给水、排水、垃圾处理等公用事业，实行"谁投资、谁所有、谁经营、谁收益"，走社会服务化、市场化运营的路子。政策性金融贷款资金数额大，贷款利率低，还款时间长，应抓住国家开发银行支持全国重点镇基础设施贷款的有利时机，在具备发展优势和潜力的城镇积极争取政策性金融贷款。

（2）大力发展非农产业，走产业兴镇、特色兴镇之路，恢复和发展传统手工业，继续加大第二、第三产业的政策、资金和项目扶持力度，优化产业布局，转变发展方式，积极引导产业聚集。着力打造工业园区、循环经济园区、规模化农畜产品加工园区和特色精品旅游区，突出第二、第三产业对城镇建设的支撑和促进作用。鼓励和支持发展民营经济，将优势产业培育成为城镇支柱产业，加速城镇化进程。建设工业带动型、农业产业化型、专业市场发展型、旅游休闲型等特色小城镇。有条件的小城镇要有计划地开发房地产市场，打造有品位、有档次的住宅小区，吸引商户和农牧民入驻，使房地产开发成为小城镇建设的一个切入点。吸引生产要素向小城镇转移，通过在镇区内建设工业小区，鼓励新建企业到工业小区选址，吸引乡镇企业向工业小区集中。吸引工商企业到小城镇开展产品开发、商业连锁、物资配送、农副产品批发等经营活动。利用旅游资源，开发旅游项目，发展旅游业。突出地域特色和民族特色，准确定位旅游景区景点，精心打造与旅游业相配套的商贸物流、交通运输、餐饮住宿、房地产以及旅游纪念品开发等相关产业，通过发展第三产业壮大城镇经济，吸引农村牧区剩余劳动力转移就业。支持发展小微企业，

（3）进一步完善小城镇财政预算管理，优化小城镇所在地政府的经济和行政管理职能，逐步实现事权、财权、人权配套，责、权、利统一，使小城镇政府有能力也有动力在小城镇建设、管理和发展上发挥主导作用。加强财政监督功能，规范小城镇投资建设。县市两级政府应制定相关政策，鼓励和促进小城镇建设的有序发展。对经济发展基础好、有条件的重点镇应实行积极的财税政策，采取利税分成、留成等政策，鼓励其快速发展。改革小城镇建设土地使用税费的收取办法，减免行政事业性收费项

目，降低城镇建设费用。县市两级政府可出台小城镇建设以奖代补政策，对取得突出成绩的小城镇进行项目资金奖励。同时，针对小城镇基础设施薄弱、历史欠账太多等实际情况，可将小城镇基础设施建设列为重点项目进行立项和财政支持。

（4）做好小城镇规划，既有利于协调发展和统筹兼顾，也有利于处理好近期建设与远期发展的关系。因此，要顺应区域发展趋势，从各地的实际情况出发，扬长避短，发挥自身优势，突出特色，从布局规划上明确城镇的经济功能、带动和辐射功能，对小城镇建设进行科学定位，合理布局，依托并整合本地优势资源，走特色兴镇、特色富镇之路。采取市县镇联动方式，切实做好城镇体系规划编制工作，保证资源利用的最大化。城镇规划一经批准，即具有严肃的法定地位，任何单位和个人都不得擅自变更，在小城镇建设过程中一定要坚定维护城镇规划的权威性和严肃性，强化监管力度，反对和制止各种随意变更规划，违规变更用地性质、调整容积率等行为，以确保城镇各项建设工作依法、健康、有序进行。

（5）根据小城镇的功能定位和规模，抓好基础设施和公共服务设施的配套建设。首先，在镇区建设较完整的道路体系，同时加快镇区电网改造，在新建住宅区基本普及集中供暖，发展管道燃气。另外，加强污水和垃圾处理等基础设施建设，改善居民饮水水质，保证镇区生产生活用水的基本供应，完善社会服务和居住服务功能，进一步加快科技、教育、文化、医疗卫生、体育娱乐等公共服务设施建设。加强城镇生态环境建设和污染综合治理，创建优美、舒适、和谐、宜居的人居环境。逐步提高城镇绿化覆盖率和园林绿地、公共绿地面积，有效改善小城镇的生态环境。

三、牧区新社区建设

社会主义新农村建设过程中，一些基础条件比较好的牧区在基础设施方面有了很大改善，也具备了牧区新社区的基本条件。但同时，对于牧区而言，还有很多牧民散居在生态环境脆弱、交通信息落后、公共服务成本较高的地方，这些牧民的生活十分艰苦，为了生存不得不在已经过度开发的草场上放养牲畜，使得当地的生态破坏更加严重。因此，政府通过生态移民，逐步将这些地方的牧民转移到城镇集中安置，从而实现生态得保护、牧业得效益、城镇得发展的多赢发展道路。

1. 哈鲁小组生态移民新社区

哈鲁小组是赤峰市巴林右旗阿日班格日嘎查村的一个小组，共有28户牧民家庭，71位牧民，全组共有牲畜2004头，可利用草场面积1.8万亩，生产方式主要以绒山羊放养为主，畜产品是其主要的收入来源。但由于过度放牧，导致草原沙化十分严重，再加上干旱少雨，目前草牧场已经无草可放。哈鲁小组原居住区三面环山，交通极为不便，生活条件非常艰苦。

在京蒙帮扶合作项目的支持下，通过生态移民实现了哈鲁小组的整体搬迁。哈鲁小组移民搬迁项目总投资860万元，其中京蒙帮扶项目资金400万元，地方配套资金及自筹460万元。生态移民新居住区共建设三个功能区，分别是生活区、生产区和休闲文化区。生活区基础设施完善，道路、电力、用水等生活配套齐全，共计建设砖瓦房28处，每户拥有一个81平方米的三居室，均配备了暖气设备、节能吊灯、液晶电视和电热水器等生活用品，同时还有一个48平方米的仓库，用于存放物品。生产区共建设永久性养畜棚圈4200平方米，平均每户养畜棚圈150平方米，配备人畜饮水工程1处，机电井2眼，架设高低压输电线路3500米。同时，从产业结构调整和可持续发展的角度出发，配套建设400亩饲草料基地，引入育肥牛专业户，带动当地育牛产业的发展。休闲文化区新建了文化活动室、草原书屋、卫生室以及文化广场，并在文化广场安装了篮球架及其他健身娱乐器械，以便于周边住户生活娱乐。同时还对原居住区实施了生态修复工程，共封山育林3.5万亩，造林6900亩。

新社区建成后，改变散放牲畜、靠天吃饭的传统生产模式，推行舍饲育肥模式。目前每户每年育肥牛20头、羊70只，人均收入6309元，同时，新增水浇地500亩，用于粮食蔬菜种植，人均增加收入2816元。上述两项合计，人均收入9125元，与搬迁前人均年收入3000元相比，牧民的生活水平有了大幅度的提高。

新区建设让迁移牧民住上了新房，解决行路难、饮水难、就医难、用电难等问题，社会效益十分明显。同时，针对该小组牧民科学文化知识匮乏、发展意识缺位等情况，出台了相关政策对该组牧民进行免费培训，培养出一批有文化、懂技术、会经营的新型牧民，为实现牧民收入的持续增加提供了重要的智力支持。迁出区通过草场改良，封山育林，植树种草等措施，经过半年多休养生息，林草覆盖率由原先的不足10%提高到现在的25%，有效遏制了水土流失，生态效益十分明显，为牧区的可持续发展奠定了良好的基础。

2. 珠日干格日生态移民新社区

珠日干格日嘎查位于赤峰市翁牛特旗科尔沁沙地腹地，全嘎查共有人口423人，总土地面积30多万亩。近年来，由于过度放牧以及气候干旱等因素，珠日干格日嘎查草场退化十分严重，沙化面积更是高达80%以上。牧民对收入提高的期望与生态保护的现实需要之间的矛盾不断激化。同时，传统畜牧业本身的特点决定了从事畜牧业的牧民在草原上星罗棋布地分散居住，必要的公共服务设施难以有效覆盖，牧民无法享受到社会进步的发展成果。在生态环境破坏严重、传统生产方式无法持续、公共服务难以到位、牧民生活质量日益下降这一严峻背景下，收缩并转移牧业人口，将牧业人口迁移到镇区，还草原休养生息的机会，已是势在必行的重要工程。

珠日干格日嘎查选择了将生态移民与小城镇建设有机结合的途径，建设形成了规划布局合理、基础设施齐全、产业支撑有力的生态移民新区。新区共划分为行政管理区、居民居住区、民俗旅游区、主导产业区和商业开发区五个功能区，陆续实施并建设了水泥路、饮水安全工程、广播电视村村通、农村沼气池、卫生厕所、村屯绿化、村屯亮化、道路排水、电力设施、休闲娱乐广场、群众健身设施等公共配套设施，有效改善了新区的人居环境。

新区结合内蒙古自治区出台的阶段性禁牧补贴政策，对该嘎查实施为期5年的休牧计划，积极恢复当地植被。休牧期内，原牧户全部迁入移民新村，政府给予搬迁户每人每年6000元的补贴，连续补贴5年；同时，重点抓牲畜棚圈等基础设施建设与移民再就业前的职业技能培训工作，引导牧民向第二、第三产业转移，扶持牧民从事其他产业，使牧民的收入来源多样化，并对本在最低生活保障线以下的生态移民牧民提供最低生活保障待遇。

3. 结论与建议

生态移民的牧民们远离了自己生产经营的草牧场，生产资料已不能继续利用（因为围封禁牧，至少是近几年不能放牧），入住的新区主导产业刚刚起步，第二、第三产业还未能真正形成，吸纳和辐射能力仍不强，牧民就业门路不多。因此应加强新城镇居民就业培训，提供足够的就业机会，实现生产生活可持续发展。

新社区建设以及新区水、电、路、邮、通信等基础设施配套建设需要大量的资金投入。因此应加快对牧区新社区建设资金的安排，出台相关政策，结合国家投入、项目扶持、金融支持、商业融资等方式共同解决建设资金不足问题。

另外，要把生态移民与移民定居工程和城镇化有机结合起来，在条件比较好的社区可以试点开展户籍制度改革，进一步加大对新社区的教育、医疗、社保、低保等投入，逐步缩小城乡差距，最终实现由新社区向新城镇的转化。

第 8 章

牧区城镇化的未来展望

第 1 节　牧民关于进城生活的想法

城镇化的核心是人的城镇化，那么牧民对牧区城镇化的看法是什么？他们对牧区的城镇化有什么样的期待呢？充分了解牧民们对城镇化的想法，将有利于未来牧区城镇化的有效开展。

一、年老牧民的想法

很多牧民年龄较大，已经无法从事太过繁重的畜牧放养工作，每天喝点酒、唱唱歌，简单放养几头牛或几只羊，外加还有子女的赡养，每天的日子倒也过得自在。但随着年龄的增长，身体机能下降，看病成为年老牧民最大的问题。再加上牧区公共医疗服务资源普遍匮乏，牧民老人去镇上或城里看病，不仅路途遥远，交通不便，来回的交通花费、医院高额的医疗费用更是让他们感到头疼。在调研中，问到这些牧民老人是否愿意到城里居住时，有老人回答，去城里生活肯定不习惯，而且城里的生活花费高，承担不起，不过城里看病方便，医术水平高。由此可见，年老牧民其实更看重的是城里的医疗条件，如果牧区的公共医疗服务能得到大幅改善的话，他们的生活应该会更加幸福。目前也有一些家庭条件比较好的牧民老人搬到城里居住了，但多数是为了照顾在城里读书的孙子孙女。很多牧民家庭为了能让自己的孩子接受更好的教育，在条件允许的情况下多数都把孩子送到城里念书，但又担心孩子太小无法照顾好自己，就让孩子的爷爷奶奶进城，在学校旁边买（租）房，照顾孩子的生活。一开始，这些牧民老人来到城里居住，主要是出于对子孙的期望和疼爱，但随着对城市的了解加深，慢慢感受到城市（城镇）所能带来的交通、医疗、娱乐等便利，从而可能愿意继续留在城里生活。这也是牧民逐渐融入城镇的一种方式。而且随着牧民生活水平的提高，可能有越来越多的牧民老人会加入城镇化的队伍中来。

二、中年牧民的想法

就现阶段而言，牧区的很多中年牧民是不愿离开牧区的，他们不愿改变其现有的生活方式和生活环境，搬到城里去工作生活。这里主要有三个原因：第一个原因是日出而作、日落而息、大口吃肉、大碗喝酒的传统生活方式让绝大多数牧民怀念，不愿轻易改变这样悠闲的生活状态，他们习惯于草场放牧的自给自足、悠闲自在的生活，不愿外出务工；第二个原因是牧民的整体收入虽然不多，但相比周边的农民来说也要偏高，他们在生活上没有太大的压力，所以牧民外出进城打工的积极性并不是很高；第三个原因是在许多牧区有很大一部分的牧民不会汉语或汉语交流困难，也没有上过学，受过正规的学校教育，因此，受语言和知识结构的限制，牧民很难在外找到合适的工作。由此可见，绝大多数的中年牧民目前可能并不情愿离开牧区。但也有一些年长的牧民反映，城里看病方便，医生水平高，所以将来干不动了，牧场交给儿子管，自己和老伴一起搬到城里去住。这表明，虽然中年牧民们现在不想进城，但也并不是永远不想进城，年老了还是愿意进城的。

三、牧民孩子的想法

根据调研发现，绝大多数的牧民都比较重视孩子的教育，希望自己的孩子能够通过知识改变命运，学成之后通过自己的努力在城市里获得一份体面的工作。在调研过程中我们了解到，有的牧民希望自己的孩子能够学一门技术，能在城市里找到一份稳定的工作；有牧民希望自己的孩子能够考公务员。总之，牧民们觉得在牧区从事畜牧放养工作还是比较辛苦的，希望自己的孩子能够更有出息。而牧区的孩子们一般在初中阶段就到镇里上学，高中还会到县里、市里上学，这些牧区的孩子在城市里生活一段时间后，再让他们回到牧区从事脏累苦的畜牧工作，他们显得并不情愿。根据在赤峰克什克腾旗县城中学五个高中班的调研发现，50位接受调研的学生中希望在城市或城镇就业的占到了98%，而希望毕业回去从事畜牧工作的牧民孩子仅占2%。可以看出，虽然现在牧区的牧民习惯于悠闲自由的放牧生活，不愿进城，但他们的下一代对进城工作和生活却有着强烈的愿望和期盼。因此，可以认为，牧区的城镇化在下一代身上有着积极的主观动力，牧区城镇化将随着新一代牧民孩子的成长自然推进。这种现象在美国比较常见。在美国很多大型牧场里，每天的工作量很大，但从事畜牧工作的很多牧场主却都是老人，这是因为在机械化大生产的背景下，这些老人能够借助功能强大的机械设备胜任这项工作，而且也能获得高额的生产利润。他们的子女呢？这些牧场主的孩子们绝大多数却都在城里工作和生活，虽然很多人在城市里的收入远远不如作为牧场主的父母，城市的工作和生活压力也远远高于牧区，但他们仍然愿意留在城市。因为他们已经习惯于城市的生活方式，他们在城市里有自己的朋友圈子，有自己爱去的餐馆，有自己娱乐的影院、酒吧，每天都享受着城市带给他们生活上的便利和身心上的愉悦。相信未来绝大多数牧区的孩子也会跟美国的这些年轻人一样，离开牧区，在城市寻找属于自己的一片天地。

第2节　未来谁去经营牧场

这一代的牧民不愿离开牧场，但下一代的孩子们却向往城市生活，这些牧民的孩子都去了城里，那牧场怎么办？谁去经营？怎么经营？是否可以借鉴现有耕地流转的经验，通过草场流转，实现草场的规模化经营呢？

一、未来谁去经营牧场

今后牧场经营主体主要有三类：牧业大户、牧民专业合作社和牧业企业。

1. 牧业大户

牧区有知识、有能力的一些牧民通过转包、租赁的办法，将同村牧民的草场进行整合，扩大草场放养面积，同时购买新型设备，扩大生产规模，最终实现收入的增加。我们在赤峰调研中就曾走访过一位牧业大户，这位牧民高中毕业，在当地的牧民中学历算是比较高的，年龄也正直中年，年轻敢干。刚开始，他通过银行贷款购买了打草机和拖拉机，不仅自己的草场收割打草可以用，他还为别家草场收割草料获取雇佣金。后来，他邻居的孩子大学毕业留在城里工作，并把父母接到了城里，看到邻居家的草场被闲置，他便租了下来，同时增购了崽畜扩大放养规模。两年以后发现收入可观，便又租了两户的闲置草场。到现在为止，他租用的草场面积已达到了 8000 亩，年收入超过 10 万元，生活水平得到大幅提高。

2. 牧民专业合作社

牧民根据自愿原则，通过牲畜作价、草场有偿入股等形式进行合作经营。主要模式是：牧民加入专业合作社，通过牲畜作价、草场流转等形式入股，并对草场进行统一规划、划区轮牧，联户经营。随着专业合作社的不断发展，经营业务也会不断扩展，从最初的单纯牲畜放养逐渐扩展到集生产、加工、流通为一体的集约化经营载体。在这里，我们可以大胆设想，牧民专业合作社未来是否也可以像当年沿海地区的乡镇企业一样实现异军突起，成为推动牧区经济发展的一支重要力量呢？

3. 牧业企业

牧业企业具备资金、技术、物流、人才方面的经营优势，通草场流转实现规模化经营，并引进国外优质品种，运用标准化管理模式对牲畜放养、清洗、防疫、育肥等工序进行全过程检测，确保产品质和量的同步提升。另外，牧业企业拥有完整的加工、冷藏、配送生产服务体系以及较强的市场开拓能力，这使得牧业企业在未来草场经营当中更具优势。

二、牧区的草场流转

不管是牧业大户、牧民专业合作社还是牧业企业，谁来经营牧场都离不开草场流转这一问题。

1. 草场流转的好处

第一，草场流转后，不管是牧业大户、专业合作社还是牧业企业，都可以通过规模经营，使用现代化机械设备，整个牧区的生产效率将会有大幅度地提升。第二，如果下一代的牧民孩子进城工作了，这一代的牧民也因为年龄大了，无法继续经营草场，那么与其草场被闲置，还不如通过流转获得租金、分红等收入。第三，草场家庭承包制推行以来，游牧生产方式受到了限制，牛羊被放养在一小片固定的草场上，无法进行科学的轮牧式放养。草场如果无法得到定期休养，时间一长将会遭到破坏，这也是现在很多草场沙化的原因。另外，不同草场的草质不同，所含的矿物质元素也会不同，牛羊固定在一个草场放养，也不利于牛羊的健康成长。草场流转之后，放养面积变大，完全可以将牛羊放在大草场上进行轮牧式放养，这样不仅可以有效地保护草场，增强其可持续能力，同时也能提高牛羊的肉质和奶质，从而增加产品附加值。

2. 草场流转可能出现的问题

由于牧区自身的特殊性，在实现草场流转过程中可能会遇到以下五个问题。

第一，牧区每户牧民家庭的草场面积较大，少则几百亩，多者数千亩，可以想象，即使只有十户牧民参与流转，那么流转的草场面积将可能达到上万亩，如此大的规模是耕地流转难以比拟的。第二，我国的牧区基本都在国家边境，牧民也多为少数民族，一旦草场在大规模流转经营过程中出现问题，那么后果的严重性必须要考虑。第三，在我国很多农区，耕地的流转不仅为农业的规模化经营创造了条件，流转后的农民不用耕地也能拿到一定的土地租金，还可以从土地上解放出来，到城里打工获得更多的收入，这是好事。然而，在牧区，牧民把草场流转出去后，又因为语言、教育水平等原因在城里难以找到工作，他们是否能接受呢？第四，在牧区，放牧依赖于草地的优劣，草场一旦遭到破坏，不仅在数年内很难恢复，同时还要面临被沙化的危险。因此，草场流转放牧与耕地流转耕作相比存在更大的信用风险，一旦草场流转的接收者为了短期利益过分利用草场资源，那么对牧区生态的破坏将是十分严峻的。

三、结论与建议

通过以上分析我们可以看到，虽然草场流转可能会存在一些问题，但随着城镇化的逐步推进，草场不可能因为牧民进城而被闲置，草场的流转经营这一问题迟早要面对。与其等问题出现再去找方案解决，还不如提前做好预案，并在摸索和试点中逐步进行完善，建立起一整套适宜牧区草场流转的经营机制，为解决上述问题提供政策支持。

其实，草场流转可能出现的这些问题是相互关联、交叉影响的。草场流转数量较大，如何管理是一个问题，处理不好各种关系，很容易产生矛盾与冲突，影响民族地区的和谐稳定。草场流转之后，牧民没有新的工作机会，之前赖以生存的草场也没有了，再加上社会保障不完善，也很容易激发牧民与政府、与草场流转经营方之间的矛盾。草场是连片的，共同构成了牧区的整个生态体系，如果一大片草场在流转经营中因过度开发导致草场的沙化，由此将对周边的其他草场产生连锁反应，使得周边的其他草场也受到沙化的威胁。

因此，对待牧区的草场流转问题需要慎重，一定要统筹兼顾，综合考虑草场流转可能出现的各个方面的问题。具体工作可以先试点，在摸索阶段逐步建立起适宜牧区草场流转的科学机制，同时不断总结经验，改进完善。

第9章

未来牧区城镇化工作的重点

针对牧区城镇化的特殊条件以及牧民的实际情况,在未来牧区城镇化工作当中,应按照牧区城镇化的基本思路,重点把握好以下六项工作。

第1节 提高牧区商品的市场化程度

加快牧区畜牧产品市场的培育与开发,推进牧区畜牧产品批发交易市场和商业零售网点建设。其中,畜牧产品批发交易市场的布局应以牧区重点城镇为主,辐射半径为周边的各个嘎查村,商业零售网点则应以重点城镇的批发交易市场为依托,在各嘎查村直接设点建设,形成完整的产品采购体系。通过批发+零售的直接对接,畜牧产品批发交易市场可以获得相对稳定的产品供应,从而提高批发出售的议价能力。商业零售网点则能根据批发交易市场较为便捷的信息传递,及时根据市场变化调整产品收购价格。而牧民不仅在产品出售过程中可以避免因信息不对称导致中间商贩从中抽取利润,同时由于商业零售网点可以利用规模效应减少运输成本,使得牧民在产品出售过程中可以获得更高的利润。

鼓励畜牧生产加工企业与牧民建立直接的合作关系,由畜牧生产加工企业提供饲养标准和技术指导，牧民则按照畜牧生产加工企业具体要求对牲畜进行饲养，定期由畜牧生产加工企业派人对饲养情况进行监督，等牲畜出栏时由畜牧生产加工企业统一收购。这样对于牧民而言，减少了中间交易环节，降低了交易成本。对于畜牧生产加工企业而言，"牧民+企业"的模式，既便于畜牧生产加工企业扩大生产规模，稳定商品供给，同时标准化的生产也保证了产品的质量，使得牧民在产品市场交易中能获得更高的收益。这样更有利于企业和牧民在产品交易过程中获得双赢。

充分整合与利用现有的物流资源，加强牧区的物流基础设施建设，完善生产资料流通体系，尽快在牧区建立起专业化、信息化的现代物流服务体系，不断提高牧区生产资料的物流效率，降低牧民生产成本。牧民的生活来源主要依靠畜牧养殖，在退牧还草、保护生态的大背景下，牧民的牧草资源有限，要实现扩大再生产必须依赖于畜牧饲料的购买，而畜牧饲料的成本大小直接决定了牧民的最终收益。因此，要提高牧民收入，政府除了给予相应的政策补贴以外，更需要尽可能地引导牧区生产资料流通体系的建立与完善，如扩大销售网点设置、鼓励厂家直销、牧民集中采购等措施，尽可能降低生产资料的流通成本，实现牧民收入的提高。

第2节　提升牧区金融服务水平

引导政策性银行、金融合作机构、商业银行和规范化民间融资参与到牧区金融体系建设中。在牧区信用合作社支持金融发展的同时，尝试引入商业银行参与竞争，赋予这些网点相应的农业牧业贷款权并设定一定比例的支农支牧资金任务，这就需要改革商业银行放贷机制来提高其对牧区的放贷积极性。同时政府可给予支农支牧贷款财政贴息，一方面可以引导资金流向牧区建设；另一方面也可以降低牧民的还贷成本，减轻牧民负担。地方政府需要配套财政、税收、利率、存款准备金等方面的优惠政策，鼓励金融机构增加县、乡两级金融网点配置，降低信贷门槛，放宽还贷周期，扩大信贷资金和金融产品投入，着力解决牧区金融有效供给不足的问题。

加快牧区信用体系建设，优化牧区金融环境。牧区信用体系的缺失使得金融机构对牧区金融风险估算很高，牧民贷款很难。建立牧民的贷款信用档案，不断促进借贷双方的信息对称，使支农支牧资金发挥最大效用，同时也降低牧区信贷投放的监管成本，鼓励金融机构对牧民开展信贷业务。牧区作为范围相对较小的区域，牧民之间交往密集，经常通过相互走动而互相了解，在牧区中开展信用体系建设可以使各项工作得到当地牧民的监督，从而使借贷情况良好发展。此外，农业牧业保险的推广、法律法规的监督保障等都是支持牧区金融服务体系的重要工具，要进一步扩大农业牧业政策性保险的试点范围，把财政支农支牧资金与信贷、保险等金融业务组合起来，加强和改进金融监管工作，防范牧区金融风险。

第3节 大力推广先进畜牧业技术

根据畜牧业发展实际和客观需求，进一步完善牧业技术推广机制，建立健全牧业科技推广体系。高度重视牧民科技培训和示范成果推广，在有条件的地方实行科技特派员制度，开通牧业科普热线，完善科技推广服务网络。组织专业人员走乡入户，积极开展新品畜养、动物防疫、人工种草、灭鼠杀虫等实用技术，提高牧民科学养畜技术水平，加快传统畜牧业向现代畜牧业的转型，不断提升畜牧业生产效益和质量水平。积极推广畜牧业先进适用技术，加快转变畜牧业发展方式，推进畜禽标准化、规模化养殖，提高畜牧业综合生产能力、抗风险能力、市场竞争能力。注重发挥科技服务体系作用，加强牲畜疾病防治体系建设，加快品种改良和草场改良，提高单体产出和单位产草量，实现草牧场效益最大化。

加大牧民实用技术培训力度，让更多牧民掌握多种技能。稳定和壮大科技推广队伍，提高服务手段，提升服务功能。切实改变技术服务方式，变单一分散技术应用为"草、病、改、管"综合技术示范，变集中培训为入户"结对"指导，真正将草业推广应用到草场、牧户。加强畜牧业科技创新和专业户的培训，加快先进畜牧兽医适用技术的推广利用，有效调动广大牧民的生产积极性，辐射和带动畜牧产业发展，为畜牧产业提质增效提供重要支持。鼓励草原技术部门与高校、科研院校合作，开展技术研究，加快科技成果转化。

坚持优化畜牧业结构，健全繁育改良体系，优化品种结构，大力发展以大户、小区、养殖场、合作社为重点的规模化、集约化经营。树立品牌意识，提高奶牛、肉羊和特色养殖等产品的科技含量，不断培育名优产品，优化产品结构。重点扶持牧业专业合作组织，积极培育禽畜产品加工龙头企业，有效延伸产业链条，提高牧业组织化程度和规模经营效益，形成以牧业龙头企业和专业合作组织为主体，政府统筹协调，各涉牧部门协同服务、多层面指导、全方位服务的社会化服务格局。培育发展牧业机械互助等牧民专业合作组织，提高牧民组织化程度。抓好龙头培育、基地建设、利益联结等三个关键环节，打好"草原牌""绿色牌""生态牌"，提升品牌效益，促进畜牧业产业化和畜产品加工业的规模扩张与产业升级。积极扶持乳、肉、草等龙头企业扩能改造，提高市场竞争力和带动力。加快原料基地建设，推行产品生产、检验、包装、储存、运输技术标准，进一步提高标准化生产能力。

第4节　统筹城乡公共服务，确保基本公共服务均等化

现阶段而言，牧区应该从两方面入手逐步建立惠及全民的基本公共服务体系：一是不断增加公共服务的总量，向牧区提供更多更好的公共服务；二是优化公共服务的结构和布局，提高基本公共服务供给水平和均等化程度，注重向牧区欠发达地区倾斜。

推进覆盖城乡居民的社会保障体系建设，在扩大覆盖范围、提升保障水平、提高统筹层次等方面迈出更大步伐。推动各级各类教育协调发展、城乡教育均衡发展，促进教育公平；坚持公共医疗卫生的公益性质，加强公共卫生服务体系、医疗服务体系、医疗保障体系和药品供应体系建设，

尽可能实现牧区人人享有基本医疗卫生服务。推进保障性安居工程建设，改善低收入群体住房条件。组织开展多种形式的社会救助活动，解决困难群体的生活问题。

促进牧区义务教育的均衡发展，建立城乡一体化义务教育发展机制，在财政拨款、学校建设、教师配置方面向农村牧区倾斜，努力缩小城乡差距。完善牧区村义务教育经费保障机制，普及学龄儿童和青少年的入学率，在牧区增设寄宿制学校和扩大寄宿制学校规模，巩固提高农村牧区寄宿制学校建设水平。提升牧区公共卫生服务能力，推进医药卫生体制改革，逐步建立覆盖牧区城乡居民的基本医疗卫生制度。加大政府对牧民医疗保险、养老保险的投入力度，逐步缩小医疗保险制度和养老保险制度在城乡之间的差距。提高政府补助标准和农牧民看病报销比例，提高统筹层次，让参加新型牧区合作医疗的农牧民都能享受到更多的社会保障。

第5节 加快基础设施建设，为牧区城镇化提供基础保障

首先，在基础设施建设方面，进一步加大牧区农村公路和口岸公路建设投入力度，加快实施建制村通油路工程；进一步推进牧区电网改造升级和无电地区电力建设，支持牧民建设户用太阳能光伏发电系统；加强牧区通信网络建设，逐步消除电信服务空白点；加大游牧民定居工程建设投入力度，将牧民基本生产生活设施纳入建设内容；加快实施牧区危房改造和抗震安居工程，统筹推进新牧区和小城镇建设。

其次，加快中心城市建设，拉大城市框架，提高城镇化水平，增强辐射带动能力，打造绿色、人文、宜居区域性中心城市。加快旗县政府所在地建设，进一步完善功能，增强承载能力，引导产业向园区集中、人口向城镇集聚。因地制宜，突出特色，建设一批工贸结合型、交通枢纽型、文化旅游型的重点小城镇。加快城镇供排水、供热、供气、公交等公用设施建设，完善城镇服务功能。搞好社会主义新农村、新牧区规划建设，推动城镇基础设施向牧区延伸，促进城市公共服务向牧区覆盖，提高牧区公共服务水平，努力实现以城带乡、城乡互动、协调发展。

第6节 适时试点牧区草场流转，探索草场流转机制

当前草场流转基本处于初始时期，流转程序还不很规范，因此，可以适时在条件相对比较成熟的牧区进行草场流转试点，不断总结经验，逐步建立起适宜牧区草场流转的科学机制。

对待牧区的草场流转问题需要慎重，一定要统筹兼顾，综合考虑草场流转可能出现的各个方面的问题。首先，草场流转必须遵循依法、自愿、有偿，以及不改变草场用途，有利于草场保护和建设的原则，防止和杜绝草场流转中的侵权行为。包括随意改变草牧场的承包关系，解除承包合同，更不能借草场流转的机会将牧民的草场长时间、大面积地转租给对草原污染、与生态相悖的企业和个人经营，尽可能地避免给草原生态造成负面影响和不必要的损失。在草场流转过程中一定要加强草场流转的监管力度，规范草场流转秩序，明确草场流转双方的责任、义务与权益，要根据流转草场的等级状况，按照草畜平衡的要求，严格核定牲畜饲养量，并就如何加强保护和建设以及合理利用等问题提出具体要求，同时对违背流转合同造成草场退化的要有相应的处罚标准和补偿办法。另外，要积极探索多种形式的草场流转经营，并在试点地区鼓励牧业大户、牧民专业合作社和牧业企业参与草场流转经营，在试点过程中不断发现问题、解决问题，逐步建立起一整套适宜于牧区草场流转经营机制，为解决草场流转中可能出现的各种问题提供有效的政策支持。

参考文献

[1]《包满达在市五届人大五次会议上的政府工作报告》,载于《赤峰日报》2011年2月26日。

[2] 茶娜:《基于循环经济思维的内蒙古牧业旗县地区工业化成长模式研究》,内蒙古大学出版社2007年版。

[3] 陈海燕:《内蒙古工业化进程中农村牧区劳动力转移现状及对策研究》,载于《内蒙古民族大学学报》2011年第7期。

[4] 陈英玉:《牧民流动与牧区城镇化道路》,载于《攀登》2006年第6期。

[5] 迟建波、张景涛:《翁旗农牧民信用互助协会稳步健康发展》,载于《赤峰日报》2009年4月28日。

[6] 赤峰市教育事业"十二五"发展规划（http://wenku.baidu.com/view/ee3fcde9102de2bd96058815.html）。

[7] 达林太、郑易生:《牧区与市场——牧民经济学》,社会科学文献出版社2010年版。

[8] 戴正、闵文义:《西部民族牧区草地畜牧业产业化途径——以牧区城镇为中心的畜牧业同心圆圈扩展布局》,载于《西北民族大学学报》（哲学社会科学版）2007年第12期。

[9] 戴正、闵文义、才让加、邓艾:《西部民族牧区现代化、可持续发展的现实选择——牧区城镇化建设》,载于《西北民族大学学报》（哲学社会科学版）2006年第12期。

[10] 戴正、闵文义、邓艾:《对阿拉善左旗牧民城镇化迁移意愿的实

证分析》，载于《宁夏社会科学》2009年第7期。

[11] 付桂军：《内蒙古城乡差距缩小的路径选择：制度创新》，载于《内蒙古师范大学学报》（哲学社会科学版）2009年第1期。

[12] 傅帅雄：《城镇化视角下的牧区商品市场化探讨——以内蒙古赤峰市为例》，载于《中国流通经济》2012年第11期。

[13] 盖志毅：《新牧区建设与牧区政策调整——以内蒙古为例》，辽宁民族出版社2011年版。

[14] 高斐、僧格：《牧区生态移民中的定居问题研究——基于内蒙E旗的思考》，载于《甘肃联合大学学报》（社会科学版）2013年第1期。

[15] 高宏宇、王利清：《以城镇化发展促进农村剩余劳动力转移就业——以内蒙古凉城县为例》，载于《前沿》2012年第3期。

[16] 巩芳、常青：《我国政府主导型草原生态补偿机制的构建与应用研究》，经济科学出版社2012年版。

[17] 何翼扬、文兴吾：《以信息技术推进西部民族地区农牧区发展研究》，西南财经大学出版社2011年版。

[18] 胡伟华、娜仁格日勒：《内蒙古牧民收入增长影响因素的实证分析》，载于《中央民族大学学报》（哲学社会科学版）2013年第3期。

[19] 黄健英：《民族地区农村经济发展研究》，中央民族大学出版社2006年版。

[20] 金华、马林、赵颖：《内蒙古牧区可持续发展与社会保障制度的构建与完善》，载于《大连民族学院学报》2012年第11期。

[21] 康基柱、孟凡东：《民族地区新农村建设调查报告》，中央民族大学出版社2012年版。

[22] 蓝红星：《中国牧区经济社会发展的现状及对策研究》，载于《西南民族大学学报》（人文社会科学版）2012年第11期。

[23] 李继学：《各地探索大病保险力解因病致贫返贫》，载于《中国财经报》2012年9月6日。

[24] 李鹏、杨婷婷、石红霄、吴新宏、秦燕：《内蒙古自治区牧民收支情况分析——以锡林郭勒盟镶黄旗为例》，载于《安徽农业科学》2012年第9期。

[25] 李群：《中国近代畜牧业发展研究》，中国农业科学技术出版社 2004 年版。

[26] 李莹：《内蒙古牧区城镇功能定位》，载于《北方经济》2012 年第 9 期。

[27] 厉以宁：《牧区城镇化的新思路》，载于《北京大学学报》（哲学社会科学版）2012 年第 1 期。

[28] 厉以宁：《关于中国城镇化的一些问题》，载于《当代财经》2011 年第 1 期。

[29] 刘建利：《牧业经营方式的转变——从草场承包到草场整合》，载于《经济社会体制比较》2008 年第 11 期。

[30] 刘巍文、戴正、邓艾：《西部民族牧区城镇化与信息化研究》，载于《西北民族大学学报（哲学社会科学版）》2008 年第 6 期。

[31] 刘小燕：《内蒙古农村牧区人口布局调整对农村牧区社会保障工作的影响及政策建议》，载于《经济研究导刊》2010 年第 1 期。

[32] 刘振国：《农民土地财产需确权还权维权》，载于《中国国土资源报》2012 年 2 月 21 日。

[33] 马军：《公共政策变迁对牧民收入的影响研究》，经济科学出版社 2012 年版。

[34] 毛雪艳、闫文义、邓艾、戴正：《内蒙古阿拉善左旗牧区城镇化调查报告》，载于《西北第二民族学院学报》（哲学社会科学版）2007 年第 7 期。

[35] 闫文义：《西部民族牧区城镇化模式研究——以畜牧业产业化链条、信息化建设为支撑的城镇化》，民族出版社 2012 年版。

[36] 闫文义、关春玉：《西部民族牧区城镇化与畜牧产业化互动模式研究》，载于《西北第二民族学院学报》（哲学社会科学版）2008 年第 5 期。

[37] 闫文义、纳慧：《阿拉善左旗新牧村建设及城镇化发展的调查分析》，载于《宁夏大学学报》（人文社会科学版）2008 年第 11 期。

[38] 《内蒙古自治区人民政府办公厅关于开展城镇和农村牧区居民社会养老保险试点的实施意见》，载于《内蒙古自治区人民政府公报》2012

年1月1日。

[39] 聂雨薇、韩丽萍、滕英霞：《内蒙古城镇化现状及问题分析》，载于《煤炭经济研究》2012年第4期。

[40] 潘建伟：《中国牧区经济社会发展研究》，中国经济出版社2010年版。

[41] 任乐：《农牧区社区建设的问题及对策研究》，载于《东方企业文化》2013年第2期。

[42] 苏树军、刘新辉：《西部民族地区牧区劳动力转移与畜牧业可持续发展》，载于《新疆社会科学》2009年第3期。

[43] 王明利：《转型中的中国畜牧业发展研究》，中国农业出版社2008年版。

[44] 王清义、汪植三、王占彬：《中国现代畜牧业生态学》，中国农业出版社2008年版。

[45] 王曙光：《农村信用互助担保组织的风险保障机制与地方政府创新：翁牛特模式研究》，载于《农村经济》2009年第5期。

[46] 《我市召开小城镇建设现场会》，载于《赤峰日报》2010年8月27日。

[47] 乌日陶克套胡、王瑞军：《内蒙古现代畜牧业发展主导模式选择》，载于《中央民族大学学报》（哲学社会科学版）2012年第11期。

[48] 徐雪高、陈洁、金书秦：《完善强牧惠牧政策 促进牧民持续增收——基于牧民收入增长形势的研究》，载于《宏观经济研究》2011年第4期。

[49] 颜景辰：《中国生态畜牧业发展战略研究》，中国农业出版社2008年版。

[50] 尤文静：《农村、牧区外出务工青年现状分析与对策研究——内蒙古新农村新牧区建设与青年工作研究》，载于《社科纵横》（新理论版）2010年第9期。

[51] 张存根：《畜牧业经济与发展》，中国农业出版社2006年版。

[52] 张存根：《转型中的中国畜牧业——趋势与政策调整》，中国农业出版社2006年版。

[53] 张立中:《中国草原畜牧业发展模式研究》,中国农业出版社 2004 年版。

[54] 张丽君:《中国牧区生态移民实践、问题与政策导向》,载于《开发研究》2012 年第 10 期。

[55] 张文秀:《西部少数民族牧区新农村建设研究》,中国农业出版社 2012 年版。

[56] 张兴伦、关中梅:《对金融支持边牧区城镇化建设的调查与思考——以东苏旗为例》,载于《内蒙古金融研究》2013 年第 4 期。

[57] 张云霏、张银花:《牧业旗县城镇化发展成果共享状况实证研究——以内蒙古东乌珠穆沁旗为例》,载于《赤峰学院学报》(汉文哲学社会科学版)2011 年第 1 期。

[58] 王连英:《坚定小贷行业发展方向 全力支持县域经济发展》,载于《内蒙古日报》2012 年 5 月 9 日第 3 版。

[59] 张志军:《内蒙古农牧区金融创新中存在的问题与未来发展路径选择》,载于《内蒙古金融研究》2013 年第 3 期。

[60] 赵晓辉、于红梅:《农村牧区社会养老保险制度的现状与制度构建的思路——以通辽市为例》,载于《内蒙古民族大学学报》(社会科学版)2011 年第 11 期。

[61] 赵晓辉、于红梅:《农村牧区社会养老保险制度的现状与制度构建的思路——以通辽市为例》,载于《内蒙古民族大学学报》(社会科学版)2011 年第 11 期。

[62] 中国林牧渔业经济学会:《21 世纪中国畜牧业经济发展战略研究》,中国农业科技出版社 2000 年版。

[63] 周钢:《牧畜王国的兴衰——美国西部开放牧区发展研究》,人民出版社 2006 年版。

后　记

目前，农区城镇化的迅速发展不仅促进了农业的规模化生产，同时也在很大程度上提高了农民的生活水平，为进一步打破城乡二元结构，缩小城乡差距，实现城乡统筹提供了重要条件。同时，农区城镇化成功经验的不断总结，以及学术界对城镇化研究的不断深入，也为中国城镇化的全面推进提供了重要智力支持。然而，牧区城镇化与农区城镇化的条件却有所不同，包括牧区地广人稀的特点、牧区的土地性质、牧区城乡的结构布局、牧民特有的生活习俗，以及牧民的教育、就业等与农区相比存在特有的差异，在这一前提下，牧区城镇化的进程和模式与农区相比自然也有所区别。因此，需要在借鉴的同时，因地制宜，区别对待，杜绝盲目照搬农区城镇化的经验，避免各种问题的出现。

本书结合中国牧区的实际情况，以及牧区城镇化与农区城镇化的条件差异，分析当前牧区城镇化研究中存在的一些误区，以及在牧区的城镇化进程中存在的问题及困难。并在牧区问卷调查的基础上，从城镇化的根本意义出发，对中国牧区城镇化的特殊性进行分析和研究，提出中国牧区城镇化的新思路，为牧区城镇化的发展提供理论支持和借鉴参考。

这本书是在我博士后出站报告的基础上修改而成的。来到北京大学光华管理学院从事博士后研究已经两年，在这里，首先要感谢导师厉以宁教授对我的悉心指导和关爱，进站第一个月就跟随厉老师到内蒙古赤峰开展牧区城镇化调研，当时已是81岁高龄的厉老，不辞辛劳在10天内走访了赤峰6个区县，深入基层一线到牧民家中走访调查。期间，厉老师常常教导我，研究实际问题一定要做问卷调查，这样才能掌握一手资料，才能真实地认识到问题的根源。在厉老师的指导下，我又多次来到赤峰，进行了大量的问卷调查。扎实的调查基础成为了本书最大的亮点，也使本书更具

后　记

针对性和指导性。在博士后研究报告的写作中，厉老师高屋建瓴的全局观和独到深刻的洞察力，为我的研究提供了宝贵意见，报告的每一处都凝聚着厉老师大量的智慧和心血。此生能够跟随厉老师学习，是我这辈子最大的幸运，厉老师渊博的学术知识、严谨的治学态度、高尚的学术操守以及心宽无处不桃源的人生智慧，一直潜移默化地影响着我，这将使我终生受益。在生活上厉老师和师母犹如亲人般的关怀和照顾，让身在异乡的我一次次真切地感受到家的温暖。师恩如海，学生将永远铭记于心。

还要感谢光华管理学院的朱善利教授、于鸿君教授、蔡洪滨教授、龚六堂教授、雷明教授、黄涛教授、周长辉教授、张圣平副教授、李琦副教授、杨东宁副教授在学业、论文上给予我的指导和帮助。感谢冒大卫书记、滕飞副书记在工作和生活上对我的照顾。感谢吴玉琴老师、赵爱琴老师、鲁宁老师、袁远老师和大、小张琳老师的热心帮助。

师兄和同学的热心帮助也让我心中充满感动。感谢重庆工商局的黄波局长、傅振邦博士后、吴文庆博士后、高建民博士后、许高峰博士后、宋宏谋博士后、周小全博士后、颜奕博士后、李春光博士后、王志杰博士后、童光毅博士后、白松涛博士后、黄文川博士后、吴华博士后、吴景海博士后、田慧敏博士后、刘焕性博士后、宗仁博士后、潘江博士后、李旭鸿博士后、将承博士后、李金波博士后、郑少武博士后、赵锦勇博士后、尹俊博士后、刘建兴博士、刘玉珉博士、黄国华博士、刘海北博士、郝阳博士、刘丽文硕士等同门在各方面的照顾，与他们共同学习、互相关心使我受益匪浅。因为有你们，在北大的日子里才有那么多欢笑和快乐，两年里和大家建立的同窗之情，将是我此生最宝贵的精神财富。

还要特别感谢师兄程志强博士后和张文彬博士后，一路走来我所取得的多项成绩都离不开他们对我的帮助和支持，一直以来他们都如兄长般地关心着我，不仅在学术上给了我很多有益的启迪和建议，使我受益匪浅；在生活和人生道路的指引上更是给了我很大的帮助。

感谢我的父母多年来给我无私的、毫无保留的爱，陪伴我成长。"慈母手中线，游子身上衣。临行密密缝，意恐迟迟归。谁言寸草心，报得三春晖。"一晃，离家外出求学已近十一年，时常想念父母。想到高中在家时，父亲每日天未亮就早起为我做早饭，为的只是让我能吃上营养的早餐，母亲起早贪黑辛勤劳作，为的只是让我生活更加宽裕，每想到此心中就充满了感动，让我更加思念父母。假期回家，看到父母头上渐生的华发，心中不由涌起一阵心酸。父母为我的学业和成长付出太多，我想在这里大声说一句：爸爸妈妈辛苦了，谢谢您们！

感谢我的夫人刘雨青博士，你我的千里姻缘也为我美好的博士后生涯画上了一个圆满的句号。

一路走来，需要感激的人很多，人最宝贵的是要有一颗永恒的感恩之心，包括对父母、对老师、对同学、对朋友。因为在你开心的时候、在你失望的时候、在你生命的任何一个阶段，他们总是你最坚强的后盾，伴你一起走过酸甜苦辣。在此书完成之际，谨以此记对所有指导、关心和帮助过我的人致以最真挚的感谢！

傅帅雄

2013 年 7 月于北京大学中关园

图书在版编目（CIP）数据

中国牧区城镇化研究：以内蒙古赤峰为例/傅帅雄著．
—北京：经济科学出版社，2014.5
（北大光华区域可持续发展丛书．第4辑）
ISBN 978-7-5141-4699-8

Ⅰ.①中… Ⅱ.①傅… Ⅲ.①牧区－城市化－研究－赤峰市 Ⅳ.①F299.272.63

中国版本图书馆 CIP 数据核字（2014）第 116967 号

责任编辑：赵　蕾
责任校对：王苗苗
责任印制：李　鹏

中国牧区城镇化研究
——以内蒙古赤峰为例

傅帅雄　著

经济科学出版社出版、发行　新华书店经销
社址：北京市海淀区阜成路甲28号　邮编：100142
总编部电话：88191217　发行部电话：88191540
经济理论编辑中心电话：88191435　88191450
电子邮件：jjll1435@126.com
网址：www.esp.com.cn
天猫网店：经济科学出版社旗舰店
网址：http://jjkxcbs.tmall.com
北京季蜂印刷有限公司印装
710×1000　16开　10.5印张　160000字
2014年7月第1版　2014年7月第1次印刷
ISBN 978-7-5141-4699-8　定价：32.00元
（图书出现印装问题，本社负责调换。电话：88191502）
（版权所有　翻印必究）